# Symbole

 Essbar

 Giftig

Größe oder Spannweite

J F M A M J J A S O N D    **Mai–Juni:**

Wachstumsperiode, Flugzeit
Beobachtungszeitraum
Erntezeit / Blütezeit

Thomas Launois, Xavier Nitsch, Sophie Padié,
Morgane Peyrot & Charles Zettel

# Anaconda Taschenführer

# Wald

70 Tier- und Pflanzenarten
entdecken und bestimmen

Illustrationen von Lise Herzog
und Theodor Svarc

Aus dem Französischen von
Katja Jakob, Annika Klapper, Felix Mayer,
Svenja Tengs und Ilona Zuber

Anaconda

# Einleitung

## Wozu dieser Taschenführer?

Der Geruch von Blumen, der Klang von Vogelgezwitscher, das Ballett der Insekten, die raue Rinde der Bäume, der Geschmack von Pilzen und vieles mehr – im Wald werden all unsere Sinne geweckt. Er ist Lebensraum für einige Stunden für die einen, für eine Jahreszeit für die anderen oder für Jahrhunderte für die ältesten, der Wald ist ein lebendiger Ort: Vögel sitzen in den Bäumen, Schmetterlinge ruhen sich auf Blütenblättern aus, Ameisen ernähren sich von Blättern, Baumstämme beherbergen Pilze ... Anhand der Beschreibung von 70 Arten aus unserer Umgebung lädt Sie dieser Taschenführer dazu ein, in die ursprüngliche und faszinierende Welt des Waldes einzutauchen, um die dort verborgenen Schätze zu entdecken.

## Für wen ist dieser Taschenführer gedacht?

Dieses Büchlein richtet sich an all jene, die sich für die Welt des Waldes interessieren und lernen und beobachten möchten, was dort passiert. Die in der Einleitung ausführlich beschriebenen Elemente der Biologie und Klassifizierung sowie die genauen Beschreibungen liefern Seite für Seite die wichtigsten Informationen, um die jeweilige Art zu bestimmen. Die meisten der vorgestellten Arten sind weit verbreitet.

## Aufbau des Buches

Das Buch ist in fünf Abschnitte gegliedert, die jeweils einem Bewohner des Waldes gewidmet sind. Jede Art wird anhand folgender Merkmale beschrieben:

- Gemeinsprachlicher Name (Trivialname) und wissenschaftlicher Name
- Größe
- Flugperiode bzw. Beobachtungszeitraum, Blütezeit
- Ggf. Hinweis darauf, dass es sich um eine seltene und/oder bedrohte Art handelt
- Äußere Erscheinung, mit Angaben zu Farbe, Gestalt und besonderen Merkmalen, anhand derer sich die Art bestimmen lässt (inkl. Illustration)
- Lebensweise und Verhalten: Lebensraum, Verbreitungsgebiet, Entwicklung, Ernährung etc.
- Weiterführende Informationen sowie Besonderheiten

Die nach Arten gegliederten Abschnitte sind folgende:

1. Einige der häufigsten **Pilze**, ob essbar oder giftig;
2. **Insekten,** wie Schmetterlinge, Käfer oder Ameisen;
3. Einige der häufigsten **Wildblumen** in unseren Wäldern;
4. **Vögel,** die sich im Wald aufhalten;
5. **Bäume,** die den sichtbarsten Teil des Waldes bilden.

Natürlich beschränkt sich der Lebensraum einer Art nicht immer ausschließlich auf den Wald. Wenn sich eine Hecke oder eine Brachfläche in der Nähe befindet, kann auch ein »Waldschmetterling« durch Ihren Garten flattern.

## Wie erkenne ich »gute« Pilze?

Ihre äußerlichen Merkmale müssen eindeutig der Beschreibung entsprechen: allgemeines Aussehen (schlank oder stämmig, Farbe), Form und Beschaffenheit des Huts (Größe, Farbe, Aussehen, Haptik, aber auch das Vorhandensein von Lamellen, Röhren oder Stacheln), Form und Aufbau des Stiels (Ring, Scheide).

**Hut:** Pilzhüte können rund und konvex (Steinpilz) sein, abgeflacht (Leberreischling), spitz (Morchel), trichterförmig (Pfifferling) oder glockenförmig (Ritterling). Die Hüte können von einer dünnen Schuppenschicht oder auch von Warzen bedeckt sein.

**Unter dem Hut:** Einige Pilze weisen Lamellen auf (Ritterlinge), andere Stacheln (Semmelpilz), wieder andere Leisten (Pfifferling).

**Stiel:** Manchmal weisen Stiele einen Ring am oberen Teil oder an der Basis auf (Kaiserling) sowie eine Scheide; dabei handelt es sich um den Rest eines Velums, das den Pilz umgibt und während seines Wachstums aufreißt.

## Eine Faustregel

Es gibt nur einen Weg, essbare, schmackhafte Pilze zu erkennen: Man muss lernen, sie exakt zu bestimmen!

**Wenn Sie auch nur im Geringsten zweifeln oder nicht alle angeführten Merkmale passen, gehen Sie lieber keine unnötigen Risiken ein:** Zeigen Sie Ihre Pilzernte Menschen, die sich damit auskennen (Tierärzte, Apotheker, Mykologen oder erfahrene Pilzsammler).

## Was ist ein Insekt?

Ein Insekt ist ein Tier, das alle vier folgenden Merkmale aufweist:

1. ein dreigeteilter Körper (Kopf, Thorax, Abdomen),
2. drei Beinpaare,
3. ein Paar Fühler
4. und ein Paar Mundwerkzeuge.

Die Anzahl der Flügel beträgt meist vier, doch nicht alle Insekten haben Flügel.

Die äußere Schicht des Körpers wird von einer starren Hülle gebildet, dem Exoskelett. An jedem Körpersegment befinden sich äußere Organe, die jeweils bestimmte Funktionen erfüllen.

Vorn am Kopf sitzen die Mundwerkzeuge. Sie dienen der Nahrungsaufnahme, und ihre Form ist jeweils der spe-

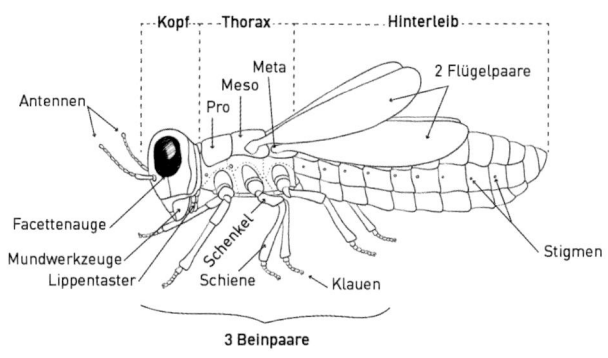

zifischen Nahrung des Insekts angepasst (Blütennektar, Fleisch etc.). Dasselbe gilt für die Antennen, die als Sinnesorgane zahlreiche Funktionen erfüllen (Geschmackssinn, Orientierung etc.). Die Augen sind Facettenaugen, bestehen also aus mehreren tausend Einzelaugen (Ommatidien).

An den Kopf schließt sich der Thorax an; er besteht aus drei Segmenten, an denen jeweils ein Beinpaar sitzt. Das zweite und das dritte Segment tragen jeweils ein Paar Flügel. In der Regel haben Insekten vier Flügel, bei manchen Arten sind sie jedoch verkümmert oder gar nicht vorhanden. Form und Aufbau der Flügel variieren je nach Ordnung.

Der Hinterleib besteht aus fünf bis elf Segmenten und beinhaltet die wichtigsten Organe, darunter das Herz und die Verdauungsorgane. An den Seiten befinden sich jeweils in einer Linie die Atmungsöffnungen (Stigmen), durch die

Luft in die Lungen gelangt. Bei manchen Arten befinden sich am Hinterleib auch äußere Organe wie etwa Bauch-füße oder (bei den Weibchen) der Ovipositor, ein Organ zur Ablage der Eier, das die unterschiedlichsten Formen haben kann.

## Anatomie eines Insektenflügels

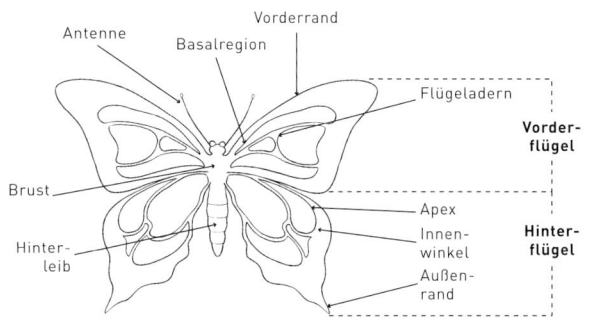

Antenne · Basalregion · Vorderrand · Flügeladern · Vorder-flügel · Brust · Apex · Innen-winkel · Hinterflügel · Hinter-leib · Außen-rand

## Die verschiedenen Ordnungen der Insekten

Das ausgedehnte Reich der Insekten besteht aus zahl-reichen Ordnungen, die wiederum in Familien, Gattungen und Arten unterteilt werden. Wenn Sie auf den ersten Blick erkennen können, zu welcher Ordnung ein Insekt gehört, wird es Ihnen leichter fallen, es zu bestimmen.

- **Käfer (Coleoptera),** gut erkennbar an dem verhärteten Flügelpaar der Deckflügel, die das zweite Paar schützen, welches zum Flug dient, wie etwa bei Marienkäfern, Maikäfern oder Laufkäfern.

- Zu den **Zweiflüglern (Diptera)** gehören beispielsweise Fliegen, Mücken und Schwebfliegen (kleine Fliegen, die Pflanzen bestäuben und aussehen wie Bienen). Sie haben nur ein ausgebildetes Flügelpaar; das andere ist zu sogenannten Halteren (Schwingkölbchen) reduziert, die der Orientierung und der Stabilisierung während des Flugs dienen.

- **Hautflügler (Hymenoptera)** wie Hummeln, Wespen, Bienen, Hornissen und Ameisen, haben für gewöhnlich zwei Paar Hautflügel. Manche Arten leben in hoch entwickelten sozialen Verbünden, es gibt jedoch die unterschiedlichsten Lebensformen und Verhaltensweisen, etwa den Sozialparasitismus bei Wespen.

- Zur Ordnung der **Schmetterlinge (Lepidoptera),** die ebenso artenreich ist wie die der Hautflügler, gehören die Tagfalter (Rhopalocera) und die Nachtfalter (Heterocera). Erstere sind an den knopfförmig verdickten Enden der Antennen zu erkennen, während bei Letzteren die Antennen manchmal gefiedert, manchmal fadenförmig sind.

- Die Ordnung der **Libellen (Odonata)** teilt sich in zwei Unterordnungen. Die Großlibellen (Anisoptera) haben große, hervortretende Augen, einen etwas stämmigeren Körper und tragen in Ruhestellung die Flügel seitlich abgespreizt; die Kleinlibellen (Zygoptera), haben einen langen, schlanken Körper und können in Ruhestellung die Flügel am Körper anlegen.

- Bei den **Heuschrecken (Orthoptera)** liegen die geraden Flügel in Ruhestellung flach am Körper an. Sie teilen sich in zwei Unterordnungen. Die Langfühlerschrecken (Ensifera), wie etwa Grillen und Laubheuschrecken, haben lange Antennen; die Kurzfühlerschrecken (Caelifera), wie etwa die Feldheuschrecken, haben kurze Antennen. Die vorderen Flügel sind verhärtet und dienen als Deckflügel für das hintere Paar. Die Hinterbeine sind als Sprungbeine ausgebildet.

Dies sind die häufigsten Insektenordnungen; darüber hinaus gibt es jedoch noch viele andere.

## Blühpflanzen bestimmen

Um Blühpflanzen bestimmen zu können, sollten einige Begriffe erläutert werden.

Ein Blatt besteht aus der Blattspreite, die entweder durch einen Blattstiel mit der Sprossachse verbunden ist oder ungestielt auf der Sprossachse sitzt. Die Anordnung der Blätter (gegenständig, wechselständig oder quirlig), ihr Aufbau (einfach oder zusammengesetzt), ihre Form (rund, oval, lanzettförmig etc.) sowie der Rand der Blattspreite (glatt, gezackt etc.) sind allesamt Merkmale, die bei der Bestimmung einer Pflanze helfen können.

Die Blüten können einzeln am Stängel stehen, meist bilden sie jedoch Blütenstände: Trauben, Ähren oder Dolden. Es gibt auch zusammengesetzte Blüten; was wie eine einzige Blüte erscheint, ist dann in Wahrheit ein ganzes Bündel, wie etwa bei Margeriten.

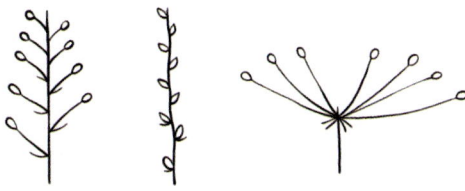

Die Blüte besteht von außen nach innen aus vier Elementen:

- **Kelchblätter:** Sie sind klein, grün, aber manchmal auch sehr farbenfroh. Sie schützen die Blüte und können als Lockmittel für bestäubende Insekten dienen.

- **Blütenblätter:** Sie sind oft gut sichtbar und sehr farbenfroh! So ziehen sie bestäubende Insekten und das neugierige Auge des Botanikers an. Manchmal bilden die Blütenblätter Sporne, das sind schmale, längliche Röhren, die Nektar enthalten.

- **Staubblätter:** Das sind die Netze, die den Pollen tragen. Der Pollen enthält die männlichen Geschlechtszellen.

- **Fruchtblätter:** Sie sind die schützenden Hüllen der weiblichen Fortpflanzungszellen (Eizellen). Meist sieht man nur den Griffel, eine kleine, flaschenhalsartige Säule.

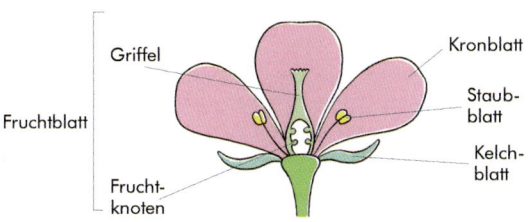

# Vögel beobachten und bestimmen

Das Frühjahr und der Sommeranfang eignen sich besonders gut für die Beobachtung, da die Vögel auffälliger (farbenfrohes Prachtkleid, aktiv bei der Balz, dem Nestbau und der Pflege der Jungvögel) und lauter sind (Gesänge und Rufe zur Balz und zur Verteidigung des Reviers etc.). Im Sommer sieht man kleine Vögel am besten am Morgen und späten Nachmittag, da sie sich über die heiße Mittagszeit lieber ausruhen. Greifvögel hingegen warten den späten Vormittag ab, um die warmen Aufwinde zu nutzen. Auf Spaziergängen können Sie sich an relativ einfachen Grundsätzen orientieren: Leise sein, nicht die Brutstätte stören und allgemeine Verhaltensregeln befolgen (keine Privatgrundstücke betreten, keinen Müll hinterlassen etc.).

Wer Freude daran haben möchte, die verschiedenen Arten zu bestimmen, geht am besten schrittweise vor. Zum Beispiel kann man:

- zuerst lernen, die Vögel an der Farbe ihres Gefieders zu erkennen;

- zwischen Männchen und Weibchen unterscheiden und schließlich die Jungvögel jeder Art bestimmen;

- sich daran versuchen, Vogelstimmen (den Gesang, die Rufe) der richtigen Art zuzuordnen, ohne den Vogel selbst zu sehen;

- schließlich versuchen, die Art an ihrem Flugbild und ihrer Flugweise (schnell und gerade / wellenförmig / Rüttelflug, bei dem der Vogel mit schnell flatternden Flügeln auf der Stelle steht) zu erkennen. Vielleicht lässt sich der Vogel auch anhand seines Verhaltens und seiner typischen Haltungen bestimmen: Frisst er vom Boden? Sitzt er auf dem Boden oder in Bäumen? Wie hoch sitzt er in Bäumen?

## Einige anatomische Begriffe

Der Einfachheit halber haben wir auf die meisten Fachbegriffe verzichtet, doch da manche Beschreibungen eine gewisse Präzision erfordern, wurden für bestimmte Körper- und Gefiederteile Fachbegriffe verwendet.

Hier sind die wichtigsten Definitionen:

**Fänge:** Die mit mächtigen Krallen versehenen Zehen von Greifvögeln.

**Hand- und Armschwingen:** Als Handschwingen bezeichnet man die äußeren Federn des Flügels, als Armschwingen die großen Federn am Arm des Flügels. Die Begriffe basieren auf der Tatsache, dass im Vogelskelett zwischen Hand und Arm unterschieden wird.

**Bürzel:** Dabei handelt es sich um die hintere Rückenpartie des Vogels. Dieser Begriff wird insbesondere bei der Beobachtung bestimmter Enten mit sehr buntem Bürzel (z. B. der Krickente) verwendet. Er dient ebenfalls zur Beschreibung des Flecks auf dem unteren Rücken, der bei Eichelhähern im Flug zu sehen ist.

**Brust:** Der obere Teil des Bauches, direkt unter dem Hals.

**Schwungfedern:** Die großen Federn, aus denen die Flügel der Vögel bestehen. Im Detail werden sie in Hand- (Federn an der Hand) und Armschwingen (Federn am Arm) unterteilt.

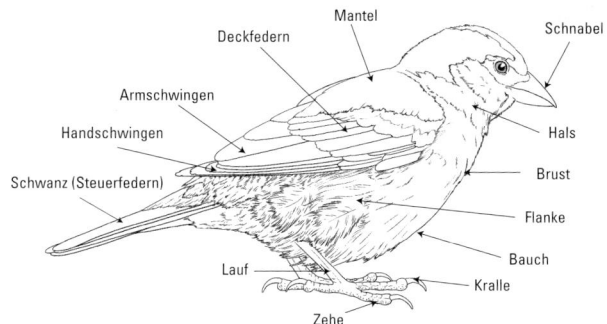

**Steuerfedern:** Schwanzfedern, auch Stoß genannt.

**Flügeldeckfedern:** Die Federn, die (wie der Name schon sagt) die Schwungfedern bedecken. Diese »Decken« können aus mehreren Schichten bestehen.

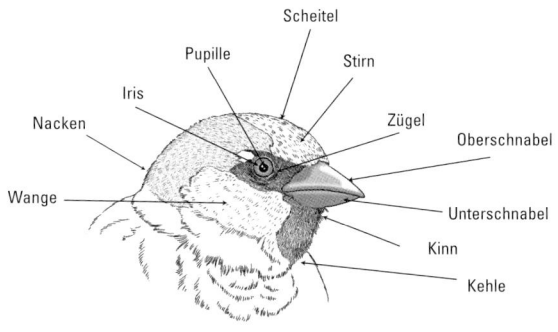

**Flügelbinde:** Längliche Gefiederzeichnung (»Binde«) auf dem Flügel, die sich farblich stark von den Deck- und/oder Schwungfedern abhebt. Die Flügelbinden sind besonders gut bei ausgebreiteten Flügeln sichtbar, z. B. bei Finken im Flug.

**Flügelspiegel:** Ein- oder mehrfarbiger Bereich auf den Armschwingen (also in der Mitte des ausgebreiteten Flügels), der sich farblich stark vom Rest des Flügels abhebt. Flügelspiegel kann man beispielsweise gut auf den Flügeln von zwei Entenarten sehen.

**Kehle:** Dieser Bereich befindet sich direkt unter dem Schnabel, auch bei gedrungenen Vögeln mit wenig oder gar keinem Hals. Ein Fleck an dieser Stelle wird Latz oder Kehlfleck genannt.

**Scheitel:** Oberer Teil des Vogelkopfes.

**Überaugenstreif:** Dieser Streif ist in der Regel dünn und befindet sich mehrere Zentimeter über dem Vogelauge. Manchmal wird er mit dem Augenstreif verwechselt, der die Augen umschließt.

**Wange:** Dieser Teil befindet sich auf Schnabelhöhe, etwa auf halber Höhe des Kopfes.

## Was genau ist ein Baum?

Ob Biologen, Botaniker, Ökologen, Gärtner, Spaziergänger – unter einem Baum versteht vermutlich jeder etwas anderes. In diesem Buch meinen wir mit Bäumen holzige Pflanzen, die bei guten Bedingungen größer als sieben Meter werden.

Weil wir mit diesem Buch möglichst viele Naturfreundinnen und -freunde erreichen wollen, haben wir auch hier so wenig Fachausdrücke wie möglich verwendet. Für eine exakte Beschreibung der Bäume sind bestimmte Begriffe jedoch unerlässlich, daher erklären wir sie hier kurz.

Als **gelappte Blätter** werden Blätter bezeichnet, deren Ränder tiefe Einbuchtungen aufweisen (z. B. Eiche) oder Spitzen, die in verschiedene Richtungen zeigen. Bei manchen Arten sind die Lappen kreisförmig um einen zentralen Punkt angeordnet.

Ein **zusammengesetztes Blatt** besteht aus mehreren Blättchen, die selbst nicht als Blatt gelten. Man erkennt sie daran, dass sie am Ansatz keine Knospe haben. Außerdem entwickelt ein zusammengesetztes Blatt im Frühjahr alle Blättchen auf einmal, und es fällt im Winter als Ganzes vom Baum, d. h., die Blättchen lösen sich nicht vom mittleren Stiel.

Der **Blattstiel** verbindet das Blatt mit dem Zweig. Er stellt einen Teil des Blattes dar, entwickelt sich im Frühjahr gemeinsam mit ihm und fällt im Winter mit ihm vom Baum. Bei manchen Arten ist der Blattstiel sehr lang, bei anderen dagegen kaum vorhanden.

Die **Blattrippen** bezeichnen die mit dem Blattstiel verbundenen Hauptlinien, die den Saft überall in den Blättern zirkulieren lassen. Sie sind je nach Art mehr oder weniger stark ausgeprägt.

Der **Blütenstiel** ist der kleine Stängel, der die Blüte oder Frucht mit dem Zweig verbindet. Er kann lang oder kurz sein und bei einigen Arten sogar ganz fehlen.

Das **Kätzchen** ist ein botanischer Begriff für eine Art kleine, blütenblattlose, weiche, runde, oft längliche und hängende Blüte, die für viele Bäume (Eiche, Buche, Kastanie, Haselnuss, Weide usw.) charakteristisch ist.

## Erscheinungsbild

Für Pilzliebhaber und Kenner ist er der Champion aller Klassen und kann eine beachtliche Größe sowie einen Hutdurchmesser von 25 cm erreichen. Der dicke, gewölbte Hut ist rötlich braun, leicht feucht und wird mit zunehmendem Alter weicher. Unter dem Hut finden sich die für diese Art typischen Röhren, die vertikal verlaufen und eine Art pflanzlichen Schwamm bilden. Der dicke hellbraune Stiel ist mit einem feinen, weißen, leicht erhabenen Netz überzogen. Das Fleisch des Gemeinen Steinpilzes ist dicht, weiß und zart, mit angenehmem Geruch und Geschmack.

## Standort

In den meisten Laubwäldern (Eiche, Kastanie), an Waldwegen. Er ist etwas kapriziös, in manchen Jahren schießen die Pilze nur so aus dem Boden, in anderen sind sie geradezu unauffindbar – und keiner weiß, warum.

## Wissenswertes

Unter den Röhrlingen finden sich kaum giftige und gar keine tödlich giftigen Arten.

Wachstumsphase

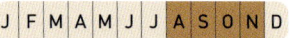

# Gemeiner Steinpilz

*Boletus edulis*

braune Färbung,
keine Lamellen

## Erscheinungsbild

Dieser Dickröhrling ist einer der beliebtesten seiner Art, denn er ist am einfachsten zu erkennen. Sein komplett schwarzer Hut ist anfangs rund und wölbt sich später; er fühlt sich meist trocken an, an bewölkten Tagen leicht feucht. Unter dem Hut finden sich die für diese Pilzart typischen Röhren – sie verlaufen vertikal und bilden eine Art Schwamm. Der Stiel ist enorm dick und wird mit zunehmendem Alter länger. Das Fleisch riecht angenehm erdig.

## Standort

In Eichen- und Buchenwäldern, die viel Sonne abbekommen, denn dieser Pilz liebt Wärme.

## Wissenswertes

Feinschmecker schätzen diesen Röhrling ganz besonders.

Wachstumsphase

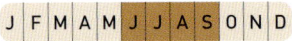

# Bronze-Röhrling
## oder
## Schwarzhütiger Steinpilz

*Boletus aereus*

schwarzer Hut

## Erscheinungsbild

Ein schöner, sehr dekorativer weißlich fleischfarbener Pilz mit einer Höhe von 10–20 cm. Der Strunk verzweigt sich in zylinderförmige Fruchtkörper; diese Äste enden in einer gelblichen Spitze. Die dreifarbige Koralle riecht nach dem Sägemehl von Buchen. Das weiße Fleisch läuft leicht rötlich an. Verwechslungsgefahr besteht mit anderen Korallenpilzen ähnlicher Färbung, die nicht essbar, aber weniger giftig sind.

## Standort

In Laubwäldern (Buche), wo dieser Pilz häufig vollständige Kreise bildet, ähnlich Korallenbänken.

## Wissenswertes

Auch wenn dieser Pilz schön aussieht, führt der Verzehr zu schweren Verdauungsstörungen.

Wachstumsphase

# Dreifarbige Koralle
## oder
## Schöne Koralle

*Clavaria formosa*

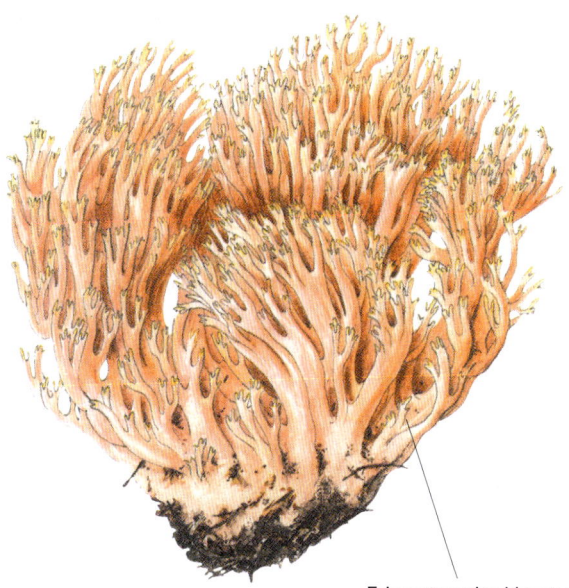

Erinnert an eine blassrosa-
farbene Koralle

## Erscheinungsbild

Dieser Pilz ist relativ leicht an seiner Größe zu erkennen, denn er kann bis zu 25 cm hoch werden, wobei der Hut einen Durchmesser von bis zu 30 cm erreicht. Der breite, rot- bis schokoladenbraune Hut ist an den Seiten gerippt. Die Lamellen sind ockerfarben. Der weiß-violette Stiel ist bei jungen Exemplaren von einem Schleier bedeckt. Das feste weiße Fleisch riecht angenehm.

## Standort

In Buchenwäldern und kalkhaltigen Böden, die Fruchtkörper wachsen meist in kreisförmigen Kolonien.

## Wissenswertes

Die Schleiereule ist der schmackhafteste Pilz unter den Schleierlingen. Es empfiehlt sich, eher die jungen Pilze zu verzehren, da das Fleisch zarter ist, und lediglich die Pilzköpfe zu ernten. Sie können ähnlich wie Tomaten gefüllt serviert werden (erst goldbraun anbraten, dann im Ofen garen).

Wachstumsphase

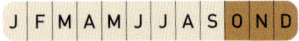

# Schleiereule (Blau-gestiefelter Schleimkopf)

*Cortinarius praestans*

sehr großer Pilz

## Erscheinungsbild

Der Ölbaumtrichterling ist ziemlich beeindruckend, mit seinem 10–15 cm breiten leuchtend orangefarbenen bis rotbraunen Hut. Er ist größer und rötlicher in seiner Färbung als der Pfifferling. Das weiße, später gelbliche Fleisch verströmt einen Duft, der an Olivenöl erinnert. Der meist schiefe, manchmal recht kurze Stiel kann eine Länge von 10–15 cm erreichen. Eine Besonderheit: Dieser Pilz leuchtet im Dunkeln so hell, dass man ihn als Leselampe verwenden könnte. Einfach im Dunkeln einige frischgepflückte Exemplare beobachten – sie leuchten weißlich grün!

## Standort

Am Fuße zahlreicher Baumarten (Hainbuche, Eiche, Kastanie) und insbesondere von Olivenbäumen, an denen diese Pilzart in großen Büscheln wächst. Wärmeliebend, deshalb meist nur im mediterranen Raum zu finden.

## Wissenswertes

Der Dunkle Ölbaumtrichterling ist giftig! Die Verwechslung mit Pfifferlingen führt bei den Betroffenen zu schwerwiegenden Vergiftungen.

Wachstumsphase

# Dunkler Ölbaum-trichterling

*Omphalotus olearius*

Ähnelt Pfifferlingen!

## Erscheinungsbild

Dieser Pilz wird auch Verkahlender Krempling genannt, da er im zunehmenden Alter die leicht filzige Beschaffenheit verliert. Der Hut ist glatt und in der Mitte leicht schmierig, gewölbt, mit eingerolltem, leicht gestreiftem Rand. Die schmalen Lamellen stehen eng und sind blassgelb. Sie lösen sich allesamt ab, sobald man sie drückt, wie die Röhren bei Röhrlingen. Das gelbliche Fleisch verfärbt sich bei Kontakt mit der Luft braun und wird beim Garen gänzlich schwarz – was selbst die Mutigsten abschrecken sollte!

## Standort

In Wäldern, auf Wiesen, unter Laub- wie Nadelbäumen.

## Wissenswertes

Dieser Pilz ist sehr giftig, in rohem Zustand sogar tödlich giftig!

Wachstumsphase

# Kahler Krempling

*Paxillus involutus*

trichterförmig

## Erscheinungsbild

Der Honiggelbe Hallimasch hat einen auffällig gefärbten Hut, der von braunen, haarigen Schuppen bedeckt ist. Der Stiel ist braun, schuppig, mit einem häutigen, dicken weißen Ring. Die Lamellen sind cremefarben, manchmal bräunlich gefleckt. Das Fleisch ist weiß und bräunlich, der Geschmack leicht kratzend.

## Standort

In Büscheln lebt der Honiggelbe Hallimasch als Parasit auf lebenden oder abgestorbenen Bäumen. Es handelt sich um eine häufige Art.

## Wissenswertes

Dieser Pilz ist essbar, sofern er mindestens eine Viertelstunde gekocht wird. Dieser Hallimasch riecht sehr intensiv.

Wachstumsphase

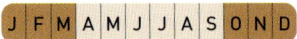

# Honiggelber Hallimasch

*Armillariella mellea*

honigfarbener Hut (10 cm)

## Erscheinungsbild

Dieser mittelgroße Pilz ist der beliebteste Speisepilz, auch wegen der schönen Form und gelben Färbung. Der kleine Hut ist trichterförmig mit gewellten Rändern. Unter dem Hut sind Leisten, bei denen es sich nicht um durch Kratzen abzulösende Lamellen (Falscher Pfifferling) handelt, sondern um echte, miteinander verbundene Falten im Fleisch, die sich verzweigen und den recht fleischigen, kegelstumpfförmigen Stiel herablaufen. Das Fleisch ist im Gelbton etwas kräftiger als der Hut. Das fruchtig riechende Fleisch ist weißlich gelb gefärbt.

## Standort

In Wäldern, am Rand von Böschungen und entlang von dichten Hecken. Der Pfifferling liebt Moos, wo er in Gruppen wächst.

## Wissenswertes

Der Echte Pfifferling ist essbar, er schmeckt besonders gut zu Fisch.

Wachstumsphase

# Echter Pfifferling

*Cantharellus cibarius*

vollständig gelb gefärbt

33

## Erscheinungsbild

Man erkennt ihn an seiner schönen gelben Färbung und der geringen Größe. Der Hutdurchmesser beträgt ca. 5–8 cm. Er hat große gelbe Lamellen, einen zylinderförmigen, ebenfalls gelben Stiel, der manchmal braun gefleckt ist, sowie gelbes Fleisch, dessen Geruch an Benzin erinnert.

## Standort

Vor allem in Laub- und Nadelwäldern. Er versteckt sich häufig im Moos in der Nähe von Kiefern.

## Wissenswertes

Seinen Namen erhielt er im Mittelalter, als es nur Rittern erlaubt war, diesen schmackhaften Pilz zu sammeln. Vorsicht! Viele Laien haben diesen Pilz gesammelt, doch zahlreiche Vergiftungsunfälle führten dazu, dass er als giftige Art klassifiziert wurde.

Wachstumsphase

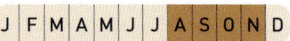

# Gelbgrüner Ritterling

*Tricholoma flavovirens*

vollständig gelb gefärbt,
riecht unangenehm

## Erscheinungsbild

Es empfiehlt sich, den Pilz genau zu betrachten: Der mittelgroße Hut ist grün, gelbgrün oder olivgrün und leicht samtig. Unter dem Hut finden sich weiße Lamellen. Der feste weiße Stiel trägt einen schönen Ring am oberen Ende, am Fuß eine stabile, recht dicke Scheide, die der Rest der Haut ist, die den jungen Fruchtkörper umgibt. Nicht zu verwechseln mit Täublingen, die weder Volva noch Ring aufweisen.

## Standort

Der Grüne Knollenblätterpilz ist weit verbreitet und sehr gefährlich. Er wächst in allen Wäldern, unter allen Baumarten und auf allen Böden. Man findet ihn allerdings selten im Gebirge.

## Wissenswertes

Vorsicht! Der Grüne Knollenblätterpilz ist in beinahe allen Fällen tödlich giftig. 90 Prozent der Todesfälle in Folge von Pilzverzehr gehen auf seine Kappe. Wenn dieser Pilz einmal bestimmt ist, sollte man ihn zerstören, damit er nicht andere Spaziergänger zum Pflücken und Essen verleitet.

Wachstumsphase

# Grüner Knollenblätterpilz

*Amanita phalloides*

3–15 cm breiter Hut

## Erscheinungsbild

Der Südliche Ackerling ist ein robuster Pilz, der mitunter den gesamten Stamm eines Baumes bedecken kann. Der gelbliche, seidige Hut wirkt schrundig. Die weißen Lamellen verfärben sich mit der Zeit ins Rostbraune. Der Stiel ist fest, weiß und trägt am oberen Ende einen kleinen Ring. Das feste, mild schmeckende Fleisch riecht angenehm.

## Standort

Er wächst in Büscheln an Laubbäumen, vorwiegend an Pappeln, an Stamm oder Stumpf. Er liebt die Wärme, daher findet man ihn in Deutschland in Weinbaugebieten.

## Wissenswertes

Der Ackerling ist ein geschätzter Speisepilz. Man kann ihn züchten, indem man mit seinem Hut über den Stamm einer Pappel reibt.

Wachstumsphase

# Südlicher Ackerling

*Agrocybe aegerita* oder *cylindracea*

Wächst an Baumstümpfen oder Baumstämmen

## Erscheinungsbild

Den Violetten Lacktrichterling erkennt man an seiner eindeutigen, auffälligen Färbung. Im Alter verfärbt sich der Violette Lacktrichterling blaugrau. Der kleine Hut (3–5 cm Durchmesser) ist trocken und wellig. Oft erkennt man mittig ein Loch, das in den hohlen, langen Stiel führt. Die langen, unregelmäßigen Lamellen reichen kaum bis zur Stielbasis. Das Fleisch ist wässrig, schmeckt mild und riecht angenehm.

## Standort

Diese häufige Pilzart wächst in sauren Böden, im Moos und an sehr feuchten sowie schattigen Orten im Wald in großen Gruppen.

## Wissenswertes

Der Violette Lacktrichterling ist essbar, sein Geschmack und die Konsistenz sind sehr angenehm, zudem ist dieser Pilz sehr verbreitet! Den Stiel besser abschneiden – sein Fleisch ist zu zäh.

Wachstumsphase

# Violetter Lacktrichterling

*Laccaria amethystina*

vollständig sattviolett
gefärbt

## Erscheinungsbild

Bei diesem Champignon handelt es sich um einen recht großen Pilz (8–12 cm Hutdurchmesser), dessen kugeliger Hut mit braunen Schuppen bedeckt ist, die fast wie ein Fell aussehen. Die getrennten, eng stehenden Lamellen sind blassgrau bis rosa gefärbt (wie bei allen Champignons). Der lange, weiße, zylinderförmige Stiel trägt am oberen Ende einen weißen Ring. Das Fleisch ist fest, reichhaltig, duftet nach Anis und färbt sich rot, wenn es bricht.

## Standort

In Kiefernwäldern, manchmal unter Laubbäumen.

## Wissenswertes

Ein köstlicher Pilz mit besonders feinem Aroma.

Wachstumsphase

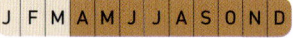

# Kleiner Wald-Champignon

*Agaricus silvaticus*

Mit bräunlichen
Schüppchen
bedeckter Hut

## Erscheinungsbild

Beim Rosa Rettich-Helmling handelt es sich um einen mittelgroßen Pilz mit einem 3–5 cm breiten Hut. Der rosa gefärbte, kegelförmige Hut ist recht dünn und weist Streifen auf. Die Lamellen stehen relativ weit auseinander; der Stiel ist gerade und glatt. Der charakteristische Geruch nach verfaulten Radieschen erschwert die Verwechslung mit anderen Arten deutlich.

## Standort

In allen Wäldern, auf allen Böden. Wächst vereinzelt oder in teils großen Gruppen. Eine sehr häufige Pilzart.

## Wissenswertes

Der Rosa Rettich-Helmling ist leicht giftig. Zum Glück riecht er so unangenehm, dass einem der Appetit vergeht!

Wachstumsphase

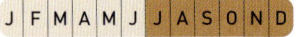

# Rosa Rettich-Helmling

*Mycena rosea*

kräftige Rosa-Färbung

## Erscheinungsbild

Durch ihr spezielles Aussehen kann die Totentrompete mit keiner anderen Art verwechselt werden. Sie hat keinen Hut, ähnelt dafür aber einer Trompete mit gewelltem Rand und ist im Inneren bis zur Basis hohl. Die Totentrompete verfügt weder über Lamellen noch über Leisten. Das wässrige Fleisch ist sehr aromatisch und eignet sich gut zum Trocknen. Dadurch ist dieser Pilz, auch in Pulverform, lange haltbar.

## Standort

Im Unterholz von Laubwäldern, auf schlammigem Boden und im Laub.

## Wissenswertes

Besonders im Omelette schmeckt dieser Pilz köstlich. Man sollte allerdings nicht zu große Mengen zu sich nehmen, da die Fasern schwer verdaulich sind.

Wachstumsphase

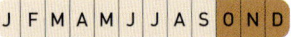

# Totentrompete
## oder
# Herbsttrompete

*Craterellus cornucopioides*

Erinnert an einen
schwarzen Enzian

47

## Erscheinungsbild

Den Gemeinen Erd-Ritterling erkennt man an seinem leicht kegelförmigen oder gewölbten Hut mit trockener Oberfläche und einem Durchmesser von 4–8 cm. Der Hut reißt an den Rändern schnell ein und ist mit einem leichten, samtweichen gräulichen Filz überzogen. Die Lamellen sind gezahnt, erst weiß, später grau, und mit zunehmender Reife am Hutrand sichtbar. Der weißliche Stiel ist weich, faserig und recht empfindlich. Das Fleisch ist ebenfalls weiß, sehr empfindlich und mild im Geschmack. Dieser Pilz ist aufgrund seiner Empfindlichkeit äußerst schwer zu transportieren.

## Standort

Oft zahlreich in Kiefernwäldern.

## Wissenswertes

Dieser Ritterling ist essbar und schmeckt jung sehr gut, die reiferen Exemplare sind aber so empfindlich, dass sie zum Ernten und Zubereiten nicht gut geeignet sind.

Wachstumsphase

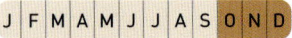

# Gemeiner Erd-Ritterling

*Tricholoma terreum*

Samtiger grauer Hut, am
Rand häufig gespalten

sichtbare Lamellen

## Erscheinungsbild

Beim Austern-Seitling besteht im Grunde so gut wie keine Verwechslungsgefahr. Der austernförmige Hut (6–12 cm breit) ist feucht und seine Färbung reicht von Dunkelviolett über Grau bis hin zu Hellbraun. Die Lamellen sind weiß oder blassrosa. Von einem Stiel ausgehend wachsen Verzweigungen. Das Fleisch ist weiß und fest, Geruch und Geschmack sind angenehm.

## Standort

Auf Stümpfen oder an Stämmen, wo er büschelweise wächst und sich von einer Stielbasis ausgehend zu den Seiten verzweigt. Er findet sich vorwiegend in Wäldern mit Pappeln, Nussbäumen, Eichen und manchmal auch in Buchenwäldern.

## Wissenswertes

Austernpilze sind sehr geschätzte und häufig verzehrte Speisepilze, die man auf Pappelholz züchten kann. Am besten in Scheiben geschnitten in 2 EL Olivenöl andünsten. 2 Knoblauchzehen, ein großes Bund Petersilie, Salz und Pfeffer dazu und 15 Minuten schmoren lassen.

Wachstumsphase

# Austern-Seitling

*Pleurotus ostreatus*

Wächst auf Holz, austern-
förmiger Hut

# EDELFALTER (NYMPHALIDAE)

## Erscheinungsbild

Die Flügeloberseiten dieses Tagfalters sind von brauner Grundfärbung mit schwarzen Rändern. Die Vorderflügel tragen weiße Flecken, die Hinterflügel weiße Binden, die wie ein »V« zusammenlaufen. Die Unterseiten der Flügel sind rotbraun und weisen breite weiße Binden sowie einen orangebraun umrandeten Augenfleck auf. Bei den Männchen schillern die Oberseiten der Flügel je nach Lichteinfallswinkel blauviolett. Möglich sind Verwechslungen mit dem Kleinen Schillerfalter *(Apatura ilia)*.

## Lebensraum und Vorkommen

Alte Laubwälder und Feuchtgebiete. Der Große Schillerfalter ist in ganz Europa und in den gemäßigten Zonen Asiens anzutreffen.

## Lebensweise

Mit der Intensivierung der Forstwirtschaft nehmen die Bestände dieser Schmetterlingsart immer mehr ab: Sie braucht für ihre Entwicklung alte Weiden und Pappeln, die Futterpflanzen für die Raupen. Diese überwintern in einem Gespinstpolster an Astgabeln. Der Große Schillerfalter hält sich überwiegend im Bereich von Baumkronen auf. Daher können die erwachsenen Tiere vor allem beobachtet werden, wenn sie herunterkommen, um an Uferböschungen, Fallobst, Exkrementen usw. zu saugen oder um bei großer Hitze aus Pfützen zu trinken.

Flugzeit

# Großer Schillerfalter

*Apatura iris*

Männchen

weißes »V«

Weibchen

# EDELFALTER (NYMPHALIDAE)

## Erscheinungsbild

Brauner Schmetterling, dessen Vorderflügeloberseiten je zwei blaue Augenflecken mit schwarzer Umrandung aufweisen, die bei den Weibchen deutlich stärker hervortreten als bei den Männchen und auch auf den Unterseiten der Flügel zu sehen sind. Auch die Hinterflügel tragen zum Rand hin je einen Augenfleck, der allerdings kleiner ist.

## Lebensraum und Vorkommen

Waldränder, lichte Wälder, Grünland und Staudenfluren. Diese eurasische Art mit einem Verbreitungsgebiet von den Pyrenäen bis nach Japan ist inzwischen sehr selten geworden.

## Lebensweise

Dieser Schmetterling lässt sich häufig in Ruhestellung im hohen Gras beobachten. Anders als der Große Schillerfalter oder das Waldbrettspiel ist der Blauäugige Waldportier weniger im dichten Wald als an den Waldrändern anzutreffen, man findet ihn aber auch auf Waldlichtungen, Magerrasen und Brachland. Die erwachsenen Tiere bevorzugen den Nektar von Skabiosen und ganz allgemein von violetten Blütenpflanzen. Die Futterpflanzen der Raupen sind Süßgräser. Der Blauäugige Waldportier fliegt in nur einer Generation pro Jahr. Seine Raupen verpuppen sich am Boden.

**Flugzeit**

# Blauäugiger Waldportier

*Minois dryas*

blauer Augenfleck

55

# EDELFALTER (NYMPHALIDAE)

## Erscheinungsbild

Das Waldbrettspiel kommt in Europa in zwei Unterarten vor. Die mitteleuropäische besitzt dunkelbraune Flügel mit hellen Flecken. Nahe den Spitzen der Vorderflügel sitzt jeweils ein schwarzer Augenfleck mit weißem Kern, an den gezackten Außenrändern der Hinterflügel sind es je vier Augenflecken. Die Flügelunterseiten sind braun-beige marmoriert. Die südliche Variante ist etwas heller und zeigt auf den Flügelunterseiten orangefarbene Zeichnungen.

## Lebensraum und Vorkommen

Laubwälder, Waldlichtungen und Brachland in ganz Europa, Nordafrika und Asien.

## Lebensweise

Sie besiedeln oft Waldränder und Wälder mit lockerem Baumbestand, aber auch verbuschte Umgebungen mit Brombeersträuchern. Die äußerst standorttreuen männlichen Falter zeigen ein ausgeprägtes Revierverhalten: Sie sitzen auf Blättern von Bäumen und versuchen, potenzielle Rivalen zu vertreiben. Danach kehren sie wieder auf ihren angestammten Platz zurück. Pro Jahr bringt diese Schmetterlingsart drei Generationen hervor, im Süden, wo die Tiere das ganze Jahr über aktiv sind, können es sogar vier sein. Die Raupen überwintern im Puppenstadium. Sie fressen überwiegend Quecken, während die Falter sowohl Blütennektar als auch Saft und Absonderungen von reifem Obst lieben.

Flugzeit

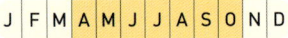

# Waldbrettspiel

*Pararge aegeria*

# EDELFALTER (NYMPHALIDAE)

## Erscheinungsbild

Die gezackten Flügel dieses Falters verleihen ihm das Aussehen eines Blattes. Die Oberseiten sind orangefarben mit schwarzen Flecken und besitzen eine dunkelbraune Randbinde. Die Unterseiten können unterschiedlich gefärbt sein, weisen aber stets die charakteristische weiße c-ähnliche Zeichnung auf, der diese Art auch ihren Namen verdankt.

## Lebensraum und Vorkommen

Überwiegend in lichten Wäldern und auf breiten Waldwegen, aber auch im Brachland und auf Streuobstwiesen in ganz Europa. Darüber hinaus ist der C-Falter auch in Nordafrika und Asien bis nach Japan verbreitet.

## Lebensweise

Diese Schmetterlingsart ist häufig und in unterschiedlich geprägten Waldgebieten anzutreffen. Der C-Falter fliegt in zwei Generationen pro Jahr, wobei die Flügelfärbung zwischen diesen Generationen variiert: Die Exemplare der ersten Generation sind wesentlich heller als die der zweiten. Die Eiablage erfolgt oft auf Brennnesseln, aber auch auf Haselnusssträuchern, Sal-Weiden oder Hopfen. Die Tiere überwintern als Falter und können prinzipiell das ganze Jahr über gesichtet werden.

Flugzeit

# C-Falter

*Polygonia c–album*

weißes »C«

# KÄFER (COLEOPTERA)

## Erscheinungsbild

Der gewölbte Körper ist schwarz und schillert metallisch blau-violett, vor allem auf der Unterseite des Hinterleibs. Der Thorax ist glatt, die Deckflügel weisen Längsrillen auf.

## Lebensraum

Hauptsächlich im Wald, meist an Waldrändern.

## Lebensweise

Mit ihren trillernden Balzlauten unterbrechen die Männchen oft die Stille des Waldes. Der Waldmistkäfer gehört zur Familie der Mistkäfer. Er ernährt sich von Kot und spielt daher eine wichtige Rolle im Stoffwechsel des Waldbodens. Seinen Bau gräbt er in den Boden, oft unterhalb von Exkrementen, von denen er dann Stücke in die verschiedenen Gänge des Baus transportiert, wo das Weibchen seine Eier ablegt. Die ausgewachsenen Tiere fressen manchmal auch Pilze.

Beobachtungszeitraum

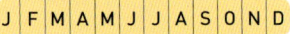

# Waldmistkäfer

*Anoplotrupes stercorosus*

## KÄFER (COLEOPTERA)

### Erscheinungsbild

Dieser außergewöhnlich große Käfer hat einen langge-streckten Körper und schwarze Deckflügel. Das Ende des Hinterleibs ist rötlich, am Kopf sitzen zwei kräftige Fühler. Diese sind bei den Männchen bis zu doppelt so lang wie der Körper, bei den Weibchen geringfügig länger als der Körper. Der Große Eichenbock wird leicht mit dem Kleinen Eichen-bock *(Cerambyx scopolii)* verwechselt sowie mit *Cerambyx miles*, der im Mittelmeerraum lebt und kürzere Fühler hat.

### Lebensraum

Alte Wälder, vor allem Eichenwälder.

### Lebensweise

Unter klimatisch günstigen Bedingungen kann seine Gesamt-länge bis zu 10 cm betragen. Damit ist er ebenso beein-druckend wie der Hirschkäfer, dem er auch hinsichtlich Lebensweise und Entwicklung ähnelt. Auch die Larven des Großen Eichenbocks ernähren sich von lebenden Bäumen, weshalb diese Art oft als Schädling gilt, vor allem wenn sie sich in Gebieten verbreitet, die forstwirtschaftlich genutzt werden.

Beobachtungszeitraum

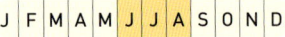

J F M A M J J A S O N D

# Großer Eichenbock

*Cerambyx cerdo*

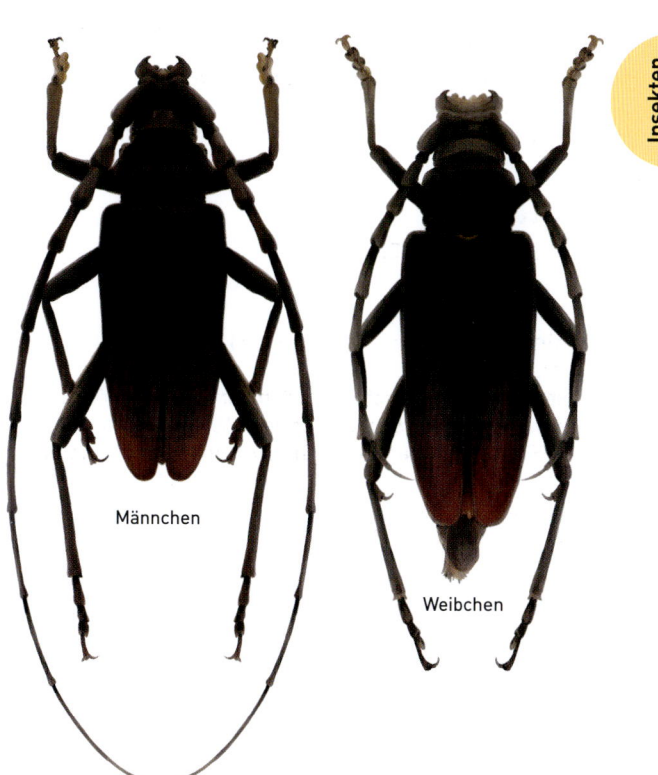

Männchen

Weibchen

6 bis 14 mm

# KÄFER (COLEOPTERA)

## Erscheinungsbild

Körper und Deckflügel sind dunkelbraun und tragen gelbe Flecken, die unregelmäßige Querstreifen bilden. An der Spitze des langen dicken Rüssels sitzen die charakteristischen geknickten Fühler. Die braunen Klauen sind leicht behaart.

## Lebensraum

Der Große Braune Rüsselkäfer lebt in Nadelwäldern.

## Lebensweise

Diese Art ist die größte im Wald lebende Rüsselkäferart. Die Weibchen legen ihre Eier in die Wurzeln abgestorbener oder frisch gefällter Nadelbäume, von deren Holz sich später die Larven ernähren. Weil sie dabei das Holz zersetzen, spielen sie eine wichtige Rolle in der Ökologie der Waldböden. Die ausgewachsenen Tiere richten oft Schäden in Kiefernplantagen an. Das ist nicht weiter verwunderlich, denn aufgrund der Artenarmut und mangelnder Konkurrenz können sie sich dort besonders gut entwickeln. Außerdem legen die Weibchen das ganze Jahr über Eier, und die ausgewachsenen Tiere werden bis zu zwei Jahre alt.

Beobachtungszeitraum

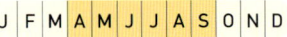

# Großer Brauner Rüsselkäfer

*Hylobius abietis*

Fühler

Rüssel

## Erscheinungsbild

Kopf und Thorax des Hirschkäfers sind schwarz, die Deck-flügel schimmern in Tönen zwischen Braun und Weinrot. Bei den Männchen sind die rötlichen Oberkiefer zu einem »Geweih« vergrößert.

## Lebensraum

Ausgedehnte Wälder, aber auch lichte Waldgebiete, Brach-flächen und Hecken.

## Lebensweise

Der Hirschkäfer ist eine der größten und bemerkenswer-testen Käferarten Europas. Mit seinem typischen Brummen und dem beeindruckenden Geweih der Männchen fällt er überall rasch auf. Das Geweih macht die Männchen zu gefürchteten Kriegern, und die Kämpfe zwischen Rivalen sind erbarmungslos. Die Larven ernähren sich von totem Holz (vor allem von Eichen) und tragen so zu dessen Zerset-zung bei. Sie entwickeln sich im Boden und brauchen dafür mindestens fünf Jahre! Die erwachsenen Tiere ernähren sich vor allem von Pflanzensäften.

Beobachtungszeitraum

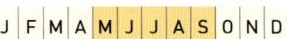

# Hirschkäfer

*Lucanus cervus*

Mandibel

Männchen

Weibchen

# KÄFER (COLEOPTERA)

## Erscheinungsbild

Kopf und Thorax sind rotbraun bis schwarz gefärbt. Die Deckflügel tragen einen weißen Flaum. Sie sind braun, wie auch die Beine und die gefiederten Fühler. Seitlich am Thorax verlaufen zwei weiße Streifen. Der Waldmaikäfer ist eng mit dem Feldmaikäfer *(Melolontha melolontha)* verwandt, der jedoch größer ist und dessen Hinterleib in einer langen Spitze ausläuft.

## Lebensraum

In Laubwäldern, an Waldrändern und in Hecken.

## Lebensweise

Der Waldmaikäfer zeigt ein ähnliches Verhalten wie der Feldmaikäfer (nur dass dieser auf Wiesen lebt). Nach der Paarung vergräbt sich das Weibchen in der Erde und legt dort seine Eier ab. Die Larven tun sich an den Wurzeln von Laubbäumen gütlich, vor allem von Eichen. Sie verbleiben zur Entwicklung vier Jahre im Boden und kommen im Frühling des fünften Jahres als ausgewachsene Tiere ans Tageslicht. Dann ernähren sie sich von den Blättern der Bäume.

Beobachtungszeitraum

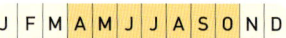

# Waldmaikäfer

*Melolontha hippocastani*

federartige
Fühler

# KÄFER (COLEOPTERA)

## Erscheinungsbild

Der Körper ist schwarz, der Thorax rot, ebenso der Ansatz der Deckflügel, die jeweils zwei weiße Streifen tragen. Die Oberseite des Körpers ist rot, die Beine sind schwarz. Der Ameisenbuntkäfer besitzt Ähnlichkeit mit anderen Buntkäfern, insbesondere mit dem Rotbeinigen Ameisenbuntkäfer *(Thanasimus femoralis)*, der rote Beine hat und bei dem der erste weiße Streifen auf den Deckflügeln direkt an den roten Ansatz anschließt.

## Lebensraum

Der Ameisenbuntkäfer ist vor allem in Nadelwäldern zu finden.

## Lebensweise

Der Ameisenbuntkäfer liegt oft auf Baumstämmen oder in Holzhaufen auf der Lauer. Sowohl die Larven als auch die ausgewachsenen Tiere sind Fleischfresser und ernähren sich von einer anderen Käferart, nämlich den Borkenkäfern. Die Weibchen legen ihre Eier in die Ritzen von Baumrinden. Dort entwickeln sich die Larven und verpuppen sich. Die ausgewachsenen Tiere überwintern an geschützten Stellen, oftmals unter der Rinde von Bäumen.

Beobachtungszeitraum

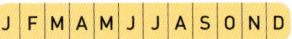

# Ameisenbuntkäfer

*Thanasimus formicarius*

# HEUSCHRECKEN (ORTHOPTERA)

## Erscheinungsbild

Der Körper ist dunkelbraun, der Thorax hellbraun. Die Flügel sind reduziert, der Hinterleib läuft in zwei länglichen Anhängen (Cerci) aus, zwischen denen bei den Weibchen der Ovipositor sitzt. Auf der schwarzen Stirn trägt die Waldgrille eine charakteristische gelbe, w-förmige Zeichnung. (Diese Zeichnung fällt bei allen Grillenarten unterschiedlich aus und ist daher ein gutes Erkennungsmerkmal.)

## Lebensraum

Vor allem in Laubwäldern.

## Lebensweise

Die Waldgrille ist weniger bekannt als die Feldgrille, aber dennoch weit verbreitet. Allerdings ist sie wegen ihrer dunklen Färbung im herabgefallenen Laub meist nur schwer zu entdecken. Oft verrät sie sich jedoch durch ihr leichtes, regelmäßiges Zirpen. Die Waldgrille ist ein Allesfresser und ernährt sich von Pflanzen und kleinen Insekten. Sie gräbt keinen Bau, sondern lebt im Schutz der Laubschicht auf dem Boden. Die Eier ruhen den Winter über, die Larven schlüpfen im Frühjahr und entwickeln sich im Juni zu ausgewachsenen Tieren.

Beobachtungszeitraum

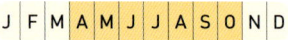

# Waldgrille

*Nemobius sylvestris*

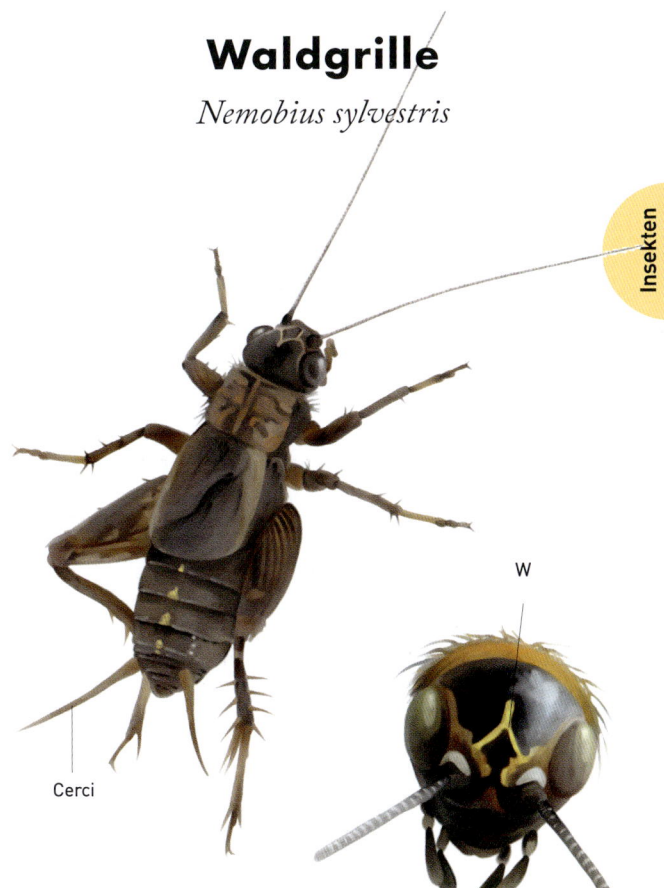

Cerci

W

73

 5 bis 9 mm (Arbeiterin)
8 bis 12 mm (Männchen/Königin)

## Erscheinungsbild

Der Körper der Waldameise ist je nach Art teils schwarz bis dunkelbraun gefärbt, teils rötlich. Die Männchen und die zukünftigen Königinnen sind vor der Paarung geflügelt.

## Lebensraum

Gelegentlich in Laubwäldern, vor allem jedoch in Nadelwäldern im Gebirge.

## Lebensweise

Die Gattung der Waldameisen umfasst weltweit knapp 300 Arten, die sich oft nur sehr schwer voneinander unterscheiden lassen. Sie leben in straff organisierten Staaten, die monogyn (mit einer Königin) oder polygyn (mit mehreren Königinnen) sein können. Ihre Nesthügel bestehen aus Pflanzenresten sowie Zweigen von Nadelbäumen und erreichen oft stattliche Größe. Waldameisen spielen eine entscheidende Rolle für das ökologische Gleichgewicht der Wälder. Die emsigen Arbeiterinnen dämmen die Ausbreitung von Schädlingen ein, wie etwa der Raupen des Prozessionsspinners, und verbreiten die Samen zahlreicher Pflanzenarten.

Beobachtungszeitraum

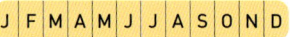

# Waldameise

*Formica*

75

# ZWEIFLÜGLER (DIPTERA)

## Erscheinungsbild

Ihr rotgestreifter gelber Körper erinnert an Hornissen. Die großen Facettenaugen, wie sie für Fliegen charakteristisch sind, zeigen jedoch eindeutig, dass sie zu den Zweiflüglern gehört. Vorn auf dem gelben Thorax befinden sich zwei schwarze Punkte. Das obere Glied der Beine ist rot, die unteren sind gelb. Bei den Männchen stoßen die Augen oberhalb der Stirn aneinander.

## Lebensraum

In Laubwäldern, vor allem in Eichenwäldern.

## Lebensweise

Die Hornissen-Schwebfliege ist die größte Schwebfliege Europas. Durch ihre Erscheinung und ihr kräftiges Brummen imitiert sie die Hornisse. Sie bevorzugt feuchtes Gelände; die ausgewachsenen Tiere sind oft in Waldgebieten in der Nähe von Wasserläufen zu finden. Sie sind wichtige Bestäuber und fliegen an den Ufern die unterschiedlichsten Blütenpflanzen an, vor allem Doldenblütler. Dort wachsen auch die Larven heran, die sich von verrottendem Holz ernähren.

Beobachtungszeitraum

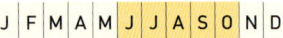

# Hornissen-Schwebfliege

*Milesia crabroniformis*

 30 bis 100 cm

## Erscheinungsbild

Ausdauernde, verzweigte und behaarte Pflanze. Die Blätter sind blassgrün, mit Flaum besetzt und auf unterschiedliche Weise gelappt. Die Blüten haben fünf konische Blütenblätter, die an der Spitze einen gebogenen Sporn tragen. Die Blüten sind blau, selten rosa, violett oder weiß.

## Verbreitungsgebiet und Standort

Sie ist weitverbreitet und wächst an Waldrändern, im hellen Unterholz, auf Rasenflächen und schattigen Weiden, im Dickicht und auf Felsgeröll.

## Nahe Verwandte

Es gibt rund zehn wilde Arten von Akeleien. Sie alle sind eng mit den Rittersporn en verwandt.

## Wissenswertes

Die Gemeine Akelei wächst wild, wird aber auch oft in Gärten angepflanzt. In einigen Regionen Deutschlands gilt sie als gefährdet. Daher sollte man sie nicht pflücken; man kann jedoch Samen mitnehmen und sie im eigenen Garten aussäen.

Blütezeit

# Gemeine Akelei

*Aquilegia vulgaris*

Sporn

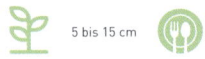 5 bis 15 cm

## Erscheinungsbild

Die Blätter dieser kleinen, ausdauernden Pflanze sind oval bis herzförmig, am Rand gekerbt und sitzen an einem langen Stiel unten am Stängel. Die Blüten bestehen aus zwei oberen und drei unteren Blütenblättern, die weiß bis violett sind. Sie sind wohlriechend und unfruchtbar. In Europa gibt es rund hundert Arten von Veilchen und Stiefmütterchen. Alle sind genießbar, aber nur das Duftveilchen verströmt ein intensives Aroma.

## Verbreitungsgebiet und Standort

In Europa, Asien, Nordamerika und Australien; an feuchten und schattigen Stellen in Wäldern, Hecken und an Waldrändern.

## Wissenswertes

Die Schleimstoffe der Veilchen helfen gegen Husten, Rachenschmerzen, Hautreizungen und Lungenbeschwerden. Außerdem wirken sie abführend und fiebersenkend. Die Blüten wirken im Körpergewebe entzündungshemmend. Aus den Blättern und Blüten wird Tee zubereitet, den man trinken oder zum Gurgeln oder für Hautkompressen verwenden kann. Aus den Blüten lässt sich auch ein wohlschmeckender, hustenlösender Sirup herstellen.

Blütezeit

J F M A M J J A S O N D

# Duftveilchen

*Viola odorata*

dreifarbige
Blüten

 10 bis 30 cm

## Erscheinungsbild

Niedriger immergrüner Halbstrauch, der kriechende Stängel bildet. Diese können ein bis zwei Meter lang werden. Die aufrechten Stängel tragen ledrige dunkelgrüne Blätter von ovaler Form, die spitz zulaufen und gegenständig angeordnet sind. Die endständigen Blüten stehen einzeln und sind blau oder violett. Sie haben fünf quadratische, asymmetrische Blütenblätter.

## Verbreitungsgebiet und Standort

Das Kleine Immergrün ist recht häufig. Es mag leichten Schatten und eher trockene Böden. Es wächst in Hecken, Wäldern und auf Felsen.

## Nahe Verwandte

Das Große Immergrün ist eine nahe Verwandte mit größeren Blüten und breiteren, am Rand gewimperten Blättern. Sie ist eine eher mediterrane Pflanze.

## Wissenswertes

Die Blätter des Immergrün können als Tee verwendet werden und wegen ihrer adstringierenden, harntreibenden Eigenschaften entschlackend wirken. Sie eignen sich auch als Vasodilatator für das Gehirn. Roh sollten die Blätter jedoch nicht in zu großen Mengen verzehrt werden.

Blütezeit

# Kleines Immergrün

*Vinca minor*

 50 bis 150 cm

## Erscheinungsbild

Große, zweijährige oder ausdauernde Pflanze mit flaumigen Härchen. Die weißlichen, ovalen und mehr oder weniger stark gezackten Grundblätter bilden eine Rosette. Im zweiten Jahr bildet sich eine dichte Ähre aus Blüten. Die großen, purpurroten Blüten haben dunkle Punkte, die den bestäubenden Insekten den Weg ins Innere der Blüte weisen.

## Verbreitungsgebiet und Standort

Der Rote Fingerhut wächst auf eher sauren Böden, auf Lichtungen, in Kahlschlägen, an Waldrändern, auf Böschungen und auf Wegen.

## Nahe Verwandte

Der Gelbe Fingerhut ist nahe mit ihm verwandt, sieht ihm sehr ähnlich und wächst auf eher kalkhaltigen Böden.

## Wissenswertes

Der Name Fingerhut bezieht sich auf die charakteristische Blütenform. Achtung: Der Rote Fingerhut enthält Digitalin, einen hochgiftigen Stoff, der aber auch als Heilmittel bei Herzbeschwerden eingesetzt wird.

Blütezeit

J F M A M J J A S O N D

# Roter Fingerhut

*Digitalis purpurea*

 10 bis 50 cm

## Erscheinungsbild

Behaarte Pflanze mit einem stechenden Geruch. Der dünne, rötliche Stängel ist an der Stelle, an der die Blätter sitzen, ausgebuchtet. Die Blätter, die aus drei bis fünf stark eingeschnittenen Lappen bestehen, haben eine dreieckige Form. Manchmal färben sie sich rot. Die kleinen Blüten haben fünf rosa bis violette Blütenblätter. Die Frucht hat eine charakteristische »Storchschnabelform«.

## Verbreitungsgebiet und Standort

Sie ist eine sehr häufig vorkommende Art, die schattige und kühle Standorte bevorzugt. Sie wächst in der Nähe von Wohnhäusern, entlang von Mauern, Hecken, Wegen und Waldrändern.

## Nahe Verwandte

Storchschnabelarten kommen auf allen Kontinenten und sogar in der Arktis und Antarktis vor. Pelargonien, ihre exotischen Verwandten, sind berühmte Ziergeranien und beliebte Balkonpflanzen.

## Wissenswertes

Diese Geranie hat antiseptische und harntreibende Eigenschaften.

Blütezeit

# Ruprechtskraut
## auch Stinkender Storchschnabel
## oder Stinkstorchschnabel

*Geranium robertianum*

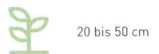 20 bis 50 cm

## Erscheinungsbild

Leicht behaarte, verzweigte, aufrechte Pflanze mit manch-mal violetten Stängeln. Sie bildet kriechende Schösslinge, denen sie ihren Namen verdankt. Die Blätter haben drei stark eingeschnittene Lappen. Die Blüten haben fünf kleine Kelchblätter, fünf goldgelbe Blütenblätter, zahlreiche Frucht- und Staubblätter.

## Verbreitungsgebiet und Standort

Dies ist eine sehr häufig vorkommende Art. Sie wächst in feuchten Wiesen, Ackerland, Gärten, Gräben und an Wald-wegen.

## Nahe Verwandte

Es gibt zahlreiche Arten des Hahnenfußes, auch Ranunkel genannt, die sich mehr oder weniger ähnlich sehen. So ist er leicht zu verwechseln mit dem Knolligen Hahnenfuß mit seinen Kelchblättern oder dem Scharfen Hahnenfuß mit seinen glatten Stängeln. Keine dieser beiden sehr häufig vorkommenden Arten bildet jedoch kriechende Schösslinge.

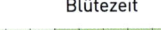

Blütezeit

J F M A M J J A S O N D

# Kriechender Hahnenfuß

*Ranunculus repens*

20 bis 40 cm

## Erscheinungsbild

Sie ist die am häufigsten vorkommende Narzisse, und dank ihrer Zwiebel mehrjährig. Der Stängel ist abgeflacht. Die zwei bis fünf flachen grundständigen Laubblätter sind blaugrün, ziemlich fleischig und haben abgerundete Enden. Die große gelbe Blüte steht einzeln an der Spitze eines kahlen Stängels. Die sechs äußeren »Blütenblätter« sind hellgelb und umschließen wiederum einen Kranz von Blütenblättern in sattem Gelb.

## Verbreitungsgebiet und Standort

Die Gelbe Narzisse ist eine recht seltene Blume, bildet aber lokal dichte Kolonien. Sie wächst auf Wiesen und in Wäldern, in Niederwäldern, an Wegrändern und in Steingärten.

## Nahe Verwandte

Es gibt mehrere wilde Narzissenarten, vor allem im Mittelmeerraum.

## Wissenswertes

Sie wird häufig in Gärten angebaut. Die wild wachsende Narzisse ist allerdings geschützt, man darf sie also nicht pflücken, und auch die Zwiebeln dürfen nicht geerntet werden.

Blütezeit

J F M A M J J A S O N D

# Gelbe Narzisse
## auch Osterglocke oder Märzenbecher

*Narcissus pseudonarcissus*

 30 bis 60 cm

## Erscheinungsbild

Der Stängel ist viereckig und verzweigt. Die Blätter sind gegenständig, schmal und länglich. Die Blüten sind groß und weiß und an der Basis grün-gelb gefärbt. Man zählt fünf verwachsene Kelchblätter, fünf freie Kronblätter, jeweils zerteilt in zwei Lappen, zehn Staubblätter und drei Griffel.

## Verbreitungsgebiet und Standort

Sie ist eine weitverbreitete Pflanze, die entlang von Hecken, Wegen und im krautigen Unterholz wächst.

## Nahe Verwandte

Es gibt zahlreiche Arten von Sternmieren und Sandkräutern, von denen sich viele sehr ähneln. Sie zu unterscheiden kann schwierig sein. Man könnte sie mit den Hornkräutern verwechseln, z. B. dem Acker-Hornkraut. Auch diese gehören zu den Nelkengewächsen (Caryophyllaceae), ebenso wie Nelken und Leimkräuter.

Blütezeit

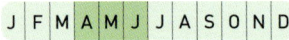

# Große Sternmiere

*Stellaria holostea*

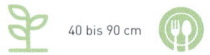

40 bis 90 cm

## Erscheinungsbild

Die Knoblauchsrauke ist eine ausdauernde Pflanze, deren grundständige Rosette recht breite, nierenförmige Laubblätter mit gekerbten Rändern aufweist. Die Stängelblätter dagegen sind wechselständig, eiförmig, etwas länger und oben zugespitzt. Die kleinen weißen Blüten aus vier kreuzförmig angeordneten Kronblättern stehen nah beisammen an der Spitze des Stängels. Wenn man die Blätter zwischen den Fingern zerreibt, verbreitet sich der charakteristische Knoblauchgeruch.

## Verbreitungsgebiet und Standort

Kühle und schattige Standorte, zum Beispiel Hecken, Waldränder und lichte Wälder, in Europa, Asien und Nordafrika.

## Wissenswertes

Die Knoblauchsrauke enthält die Vitamine A und C sowie die für Zwiebelgewächse typischen ätherischen Öle. Das scharfe Knoblaucharoma macht die Knoblauchsrauke zu einem exzellenten Gewürz. Mit den klein gehackten Blättern und Blüten lassen sich Pestos, Suppen, Soßen, Pfannengerichte usw. delikat verfeinern. Sie müssen den Speisen allerdings roh beigefügt werden, da sich durch Kochen der Knoblauchgeschmack verflüchtigt und die Bitterkeit der Pflanze hervortritt.

Blütezeit

| J | F | M | A | M | J | J | A | S | O | N | D |

# Knoblauchsrauke

*Alliaria petiolata*

 10 bis 30 cm

## Erscheinungsbild

Ausdauernde Pflanze, die dank ihres Wurzelstocks wächst und überdauert. Die Blätter befinden sich fast alle am Ansatz des Stängels, nur drei sitzen unterhalb der Blüte. Sie sind behaart und bestehen aus drei bis fünf gezackten Lappen. Die Blüten stehen einzeln und sind weiß bis rosa. Sie haben fünf bis acht Blütenblätter sowie zahlreiche Staub- und Fruchtblätter.

## Verbreitungsgebiet und Standort

Weitverbreitete Pflanze, die typischerweise im Unterholz wächst, aber auch in Hecken, auf Heideland und auf Bergwiesen.

## Nahe Verwandte

Es gibt rund fünfzehn Arten von Windröschen. Eine andere weitverbreitete Art ist die Gewöhnliche Kuhschelle, eine schöne, violette Blume mit dichtem Flaum.

## Wissenswertes

Wenn die Buschwindröschen im Frühjahr blühen, bilden sie im Unterholz oft eine dichte weiße Decke.

Blütezeit

# Buschwindröschen

*Anemone nemorosa*

5 bis 25 cm

## Erscheinungsbild

Kleine, behaarte Pflanze, die in niedrigen Büscheln wächst. Zur Fortpflanzung bildet sie seitliche Ausläufer. Die großen Blätter sind gezackt und bestehen aus drei ovalen Blättchen. Die Blüten haben fünf Kelchblätter, fünf weiße Blütenblätter und zahlreiche Frucht- und Staubblätter.

## Verbreitungsgebiet und Standort

Weitverbreitet, vor allem auf Lichtungen, in Hecken, auf Wegen und im Unterholz.

## Nahe Verwandte

Sie gehört zur Familie der Rosengewächse, so wie die Nelkenwurzen und die Rosen. Zahlreiche Vertreter dieser Familie bilden essbare Früchte: Himbeeren, Brombeeren und etliche andere Obstbäume (Apfel, Pflaume etc.).

## Wissenswertes

Walderdbeeren schmecken gut, doch sollte man sie gründlich waschen, um einen Befall durch Bandwürmer zu vermeiden.

Blütezeit

# Wald-Erdbeere

*Fragaria vesca*

 30 bis 60 cm

## Erscheinungsbild

Ausdauernde Pflanze mit unterirdischem Wurzelstock. Die ovalen Blätter stehen wechselständig, haben parallele Blattadern und sind nach oben ausgerichtet. Der runde Stängel trägt kleine Trauben mit zwei bis sechs Blüten. Diese sind röhrenförmig, weiß und haben eine grüne Spitze. Die Früchte sind schwarze Beeren.

## Verbreitungsgebiet und Standort

Die Vielblütige Weißwurz wächst vor allem im Unterholz, bisweilen in sehr dichten Kolonien.

## Verwechslungsgefahr

Die Wohlriechende Weißwurz *(Polygonatum odoratum)* hat einen scharfkantigen Stängel, und ihre Blüten stehen einzeln oder zu zweit.

Blütezeit

J F M A M J J A S O N D

# Vielblütige Weißwurz

*Polygonatum multiflorum*

 10 bis 20 cm

## Erscheinungsbild

Ausdauernde Pflanze, die sich durch ihren Wurzelstock fort-
pflanzt. Jeder Halm ist von zwei länglichen, ovalen Blättern
umschlossen, die parallele Blattadern haben. Die kleinen,
weißen Blüten bilden Trauben, die einen starken Duft verströmen. Achtung: Die roten Beeren sind sehr giftig!

## Verbreitungsgebiet und Standort

Das Maiglöckchen ist nicht sehr weitverbreitet. Man findet
es im Unterholz, vor allem im Halbschatten.

## Verwechslungsgefahr

Vor der Blütezeit verwechselt man das giftige Maiglöck-
chen leicht mit dem Bärlauch, der genießbar ist. Wenn man
Bärlauchblätter zerreibt, riechen sie nach Knoblauch; die
Blätter des Maiglöckchens sind härter und geruchlos.

## Wissenswertes

In Frankreich schenkt man einander am 1. Mai traditionel-
lerweise Maiglöckchen. In der Sprache der Blumen stehen
sie für die Wiederkehr des Glücks.

Blütezeit

# Maiglöckchen

*Convallaria majalis*

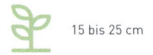 15 bis 25 cm

## Erscheinungsbild

Zwiebelpflanze mit zwei sehr dünnen, länglichen Blättern mit parallelen Blattnerven. Das Kleine Schneeglöckchen hat drei lange weiße Kelchblätter, die wie Blütenblätter aussehen, drei kleine glockenförmige, grün-weiße Blütenblätter und sechs Staubblätter.

## Verbreitungsgebiet und Standort

Das Kleine Schneeglöckchen ist eher selten. Es wächst in Wiesen und feuchten Wäldern, wird aber auch in Gärten und Grünanlagen gepflanzt.

## Wissenswertes

Viele Sorten werden zu Zierzwecken verwendet. Das Schneeglöckchen wächst und blüht normalerweise im späten Winter. Dazu durchstößt es oft eine geringe Schneedecke, daher der Name. Da sie gegen Winterende blühen, noch ehe die Blätter der Bäume ausgetrieben sind, profitieren sie von viel mehr Licht.

Blütezeit

# Kleines Schneeglöckchen

*Galanthus nivalis*

Pflanzen

 20 bis 80 cm

## Erscheinungsbild

Pflanze mit einem fauligen Geruch; die unteren Blätter sind dunkelgrün, bestehend aus sieben bis elf gezähnten Fiederblättern. Blätter und Blüten des Blütenstandes sind hellgrün. Die Blüten sind hellgrüne hängende Glocken mit einer roten Markierung am Rand. Die Früchte bestehen oft aus zwei oder drei deutlich sichtbaren Kapseln.

## Verbreitungsgebiet und Standort

Die Stinkende Nieswurz ist eine recht häufig vorkommende Pflanze, die in lichtem Unterholz, in Hecken, auf Wegen und an Waldrändern wächst, und auch in Steingärten vorkommt. Sie bevorzugt trockene und kalkhaltige Böden.

## Wissenswertes

Vorsicht, dieser Pflanze, die manchmal in Gärten zu Zierzwecken verwendet wird, ist sehr giftig!

Blütezeit

# Stinkende Nieswurz

*Helleborus foetidus*

↑
12 cm
↓

## Erscheinungsbild

Der Stieglitz ist gut an seinem leuchtend roten Gesicht, seinen weißen Wangen und seinem schwarzen Hals zu erkennen. Bauch, Brust und Rücken sind gelbbräunlich und auf den schwarzen Flügeln trägt er eine hellgelbe Flügelbinde, die im Flug gut sichtbar ist. Sein stark kegelförmiger Schnabel ist typisch für Körnerfresser.

## Lebensraum

Er kommt hauptsächlich in Wiesen, Strauchgebieten, Obstgärten, Parks, Gärten und auch in Städten vor.

## Verhalten

Wie Meisen kann er sich akrobatisch an Äste hängen und bewegt sich oft in großen Gruppen.

## Wissenswertes

Er wird auch Distelfink genannt, da er dank seines kegelförmigen, sehr dünnen Schnabels als Einziger in seiner Familie Samen aus Disteln und Karden gewinnen kann. Doch Stieglitze mögen auch Löwenzahn, Klette und Greiskraut.

Brutzeit

# Stieglitz

Vögel

34 cm

## Erscheinungsbild

Der Eichelhäher verfügt über ein charakteristisches Gefieder: Sein Körper ist größtenteils braun und hellrosa gefiedert, dabei trägt er einen blauen Flügelspiegel. Der weiße Bürzel ist im Flug deutlich zu sehen. Auffällig sind auch die dunkelbraunen Streifen am Kopf, der schwarze Bartstreif und die weiße Kehle. Im Flug sind auf den Flügeln blau-weiße Flecken zu sehen.

## Lebensraum

Er kommt in bewaldeten Gebieten, in großen Wäldern, aber auch in Gärten vor.

## Verhalten

An seinem kraftvollen, schrillen Schrei ist er leicht zu erkennen. Der Eichelhäher ernährt sich hauptsächlich von Eicheln, die er sammelt und in Bäumen versteckt oder in der Erde vergräbt. Er ist scheu und sucht nur sehr früh morgens Futterhäuser auf.

## Wissenswertes

Der Eichelhäher trägt den Beinamen »Waldpolizei«, da er mit seinem kräftigen, durchdringenden Schrei andere Tiere vor nahenden Gefahren warnt.

Brutzeit

# Eichelhäher

13 cm

## Erscheinungsbild

Der Gartenbaumläufer ist so groß wie eine Meise. Typisch für ihn ist seine ruckartige Art, Baumstämme hochzuklettern. Er hat einen bemerkenswert dünnen, geschwungenen Schnabel. Dank seines Gefieders ist er auf Baumrinden gut getarnt. Seine Unterseite ist hingegen weiß, besonders an der Kehle, ebenso wie sein schmaler Überaugenstreif.

## Lebensraum

Gartenbaumläufer sind häufig in Parks und lichten Wäldern zu finden.

## Verhalten

Der Gartenbaumläufer ist ein extrem unauffälliger Vogel, aber nicht unbedingt scheu, wenn man ihn erst entdeckt hat.

## Leicht zu verwechseln mit: Waldbaumläufer

Diese beiden Arten sind sehr schwierig voneinander zu unterscheiden. Der Waldbaumläufer zeichnet sich vor allem durch seine Stimme aus. Er hat einen weißeren Bauch, einen markanteren Überaugenstreif und einen kürzeren Schnabel, dafür aber längere Hinterkrallen.

Brutzeit

# Gartenbaumläufer

Gartenbaumläufer

Waldbaumläufer

28 cm

## Erscheinungsbild

Den Wiedehopf erkennt man an seiner schwarz-weißen Federhaube (aufgestellt oder angelegt) und an seinem »zweigeteilten« Körper mit rotem oberen und schwarz-weißem unteren Teil. Er hat einen langen, leicht gebogenen Schnabel.

## Lebensraum

Der Wiedehopf kommt in Wäldern, Wiesen und Obstgärten vor. Er ist auch in Parks und Gärten zu finden.

## Verhalten

Der Wiedehopf ist recht scheu, weshalb man ihn oft zuerst an seinem Schrei (»uh-uh-uh«) erkennt, der aus weiter Ferne zu hören ist. Der Flug des Wiedehopfes erinnert an den eines Schmetterlings.

## Wissenswertes

Der Wiedehopf gibt ein übel riechendes Sekret ab, das potenzielle Fressfeinde von den Baumlöchern fernhält, in denen er nistet.

Brutzeit

# Wiedehopf

Vögel

14 cm

## Erscheinungsbild

Proportional zum Körper ist die Schwanzmeise der Vogel mit dem längsten Schwanz. Ihr Gefieder wechselt zwischen Schwarz (Flügel und Augenstreif bis zum Nacken), Weiß (Bauch, breiter Scheitelstreif) und Beigerosa auf den Flügeln. Sie hat einen schwarzen Schwanz mit weißem Rand.

## Lebensraum

Die Schwanzmeise lebt in Parks, Gärten und Mischwäldern – meist in Laubbäumen und Unterholzsträuchern.

## Verhalten

Typisch für die Schwanzmeise ist der Flug »in kleinen Sprüngen«. Sie hält sich immer in lauten Gruppen von etwa zehn Individuen auf. Futterspender nutzt sie sehr geschickt und krallt sich oft kopfüber mit nur einem Fuß daran fest.

## Wissenswertes

Im kalten Winter drängen sich Schwanzmeisen in kleinen Gruppen auf einem Ast zusammen, um sich zu wärmen. Genetisch gehört die Schwanzmeise nicht zur Meisenfamilie.

Brutzeit

# Schwanzmeise

14 cm

## Erscheinungsbild

Die Kohlmeise ist die größte ihrer Art in Europa. Ihr Bauch ist hellgelb mit einem breiten schwarzen Bauchstreif. Sie hat einen schwarzen Kopf und weiße Wangen. Das Gefieder ist auf dem Rücken olivgrün, auf dem Schwanz blau und auf den Flügeln schwarz-weiß. Im Flug sind die Unterseiten der Flügel und des Schwanzes weiß.

## Lebensraum

Sie lebt in Parks, Gärten und Wäldern.

## Verhalten

Die Kohlmeise ist nicht scheu und fliegt auch in die Nähe von Häusern, um dort nach Nahrung zu suchen und diese dann aggressiv zu verteidigen.

## Wissenswertes

Kohlmeisen nutzen gern geschlossene Nistkästen.

Brutzeit

# Kohlmeise

Vögel

119

14 cm

## Erscheinungsbild

Den Kleiber erkennt man am starken Kontrast zwischen dem blaugrauen Rücken und dem orangeroten Bauch. Die Kehle und die Wangen sind weiß und der Augenstreif ist schwarz. Typisch für ihn ist die Silhouette mit dem kurzen Schwanz, dessen schwarz-weiße Umrandung man im Flug gut sehen kann.

## Lebensraum

Kleiber findet man in Parks und Gärten mit altem Baumbestand oder im Wald.

## Verhalten

Der Kleiber ist die einzige Vogelart, die an einem Stamm kopfüber nach unten klettern kann. Er lebt und bewegt sich in Paaren, aber nie in Gruppen. Er ist menschenscheu, zeigt sich jedoch extrem aggressiv gegenüber anderen Arten, insbesondere an Futterstellen.

## Wissenswertes

Wie Meisen können Kleiber Nüsse in passende Baumspalten klemmen und mit dem Schnabel aufhacken.

Brutzeit

# Kleiber oder Spechtmeise

Typische Kopfhaltung im
»90-Grad-Winkel«

↑ 32 cm

## Erscheinungsbild

Aufgrund seiner schmalen Silhouette und seines schnellen Flugs ähnelt der Kuckuck einem Greifvogel. Seine waagerechte Flughaltung und sein im Sitzen angehobener Schwanz zeichnen ihn aus. Der Bauch ist schwarz-weiß gestreift. Am Kopf, der Kehle und der Oberseite ist er hellgrau. Die Beine, Augen und die Schnabelbasis sind gelb.

## Lebensraum

Er lebt in denselben Gebieten wie die Vögel, die ihm bei der Fortpflanzung als Wirte dienen (insbesondere die Heckenbraunelle und Bachstelze): dichte Unterholzwälder und bewirtschaftete Felder.

## Verhalten

Sein typischer Schrei ist aus der Ferne zu hören, doch es ist schwer, ihn zu sehen, wenn er nicht gerade seinen Platz wechselt. Ahmt man ihn nach, nähert er sich aus Neugier. Er brütet zu unterschiedlichen Zeiten.

## Wissenswertes

Der Kuckuck ist ein berühmter Brutparasit: Er legt sein Ei in das Nest einer anderen Art und das 5- bis 20-mal. Seine Eier sehen wie die der Wirtsvögel aus. Wenn das Küken schlüpft, wirft es die anderen Eier aus dem Nest und bedrängt die Adoptiveltern, um gefüttert zu werden.

# Kuckuck

22 cm

## Erscheinungsbild

Das Gefieder des Buntspechts ist hauptsächlich schwarz (Kappe, Bartstreif, Rücken und Flügel) und weiß (Wangen, Hals, Bauch, Nacken, Flügelspiegel und gestrichelte Linien auf den Flügeln, die im Flug gut zu sehen sind). Der untere Bauch ist rot – beim Männchen auch der Nacken.

## Lebensraum

Er lebt in Wäldern, aber auch in Parks, bewaldeten Gärten und sogar in Städten.

## Verhalten

Im Frühjahr erkennt man ihn leicht an seinem »Trommeln« gegen Baumstämme. Auf Nahrungssuche reißt er mit dem Schnabel die Borke ab. Dann hämmert er (bis zu 10 cm tiefe) Löcher in das Holz, um sich von den dort lebenden Insekten zu ernähren.

## Wissenswertes

Im Frühjahr trommelt er nicht nur, um Nahrung zu finden, sondern hauptsächlich, um sein Territorium zu markieren. Dabei nutzt er alte Stämme, aber auch Dosen, Dachrinnen etc. Manchmal raubt er Jungvögel aus Nestern.

Brutzeit

# Buntspecht

1,20 m

## Erscheinungsbild

Mäusebussarde gehören zu den häufigsten und größten Greifvögeln. Die Individuen haben zum Teil ein sehr unterschiedliches Gefieder: von Dunkelbraun über Rottöne bis zu vollkommenem Weiß. Man erkennt sie meist an der v-förmigen Zeichnung auf der Brust, ihrem Schrei und ihrer Silhouette: Sie haben einen kurzen, runden und breit gefächerten Schwanz mit dunklen Querbinden und heben im Gleitflug die Flügel leicht an, vor allem die fingerförmig gespreizten Handschwingen.

## Lebensraum

Sie leben in Wäldern und auf offenen Feldern und steigen auf bis zu 1500 m Höhe.

## Verhalten

Man sieht sie selten am Boden und meist im Gleitflug, bei dem sie die Aufwinde nutzen. Sie lassen sich auch auf Pfählen am Straßenrand nieder, um von Wildunfällen zu profitieren. Ihr Flug ist schwer und langsam.

## Wissenswertes

Pestizide, die lange Zeit eingesetzt wurden, haben die Eierschalen der Mäusebussarde geschwächt. Der Bestand erholt sich langsam wieder.

Brutzeit

# Mäusebussard

Vögel

127

## Erscheinungsbild

Die Fichte ist ein aufrecht wachsender Nadelbaum. Ihre Krone ist kegelförmig und sie wird bis zu 60 Meter hoch. Manche Varietäten haben hängende Äste. Die feinschuppige Rinde ist rötlich-braun. Die Nadeln sind kurz (ca. 2 cm), dunkelgrün und spitz, und wachsen oben und seitlich an den Zweigen. Die braunen Zapfen sind 10 bis 20 cm lang und hängen nach unten. Sie öffnen sich, wenn sie noch am Baum hängen, setzen kleine, geflügelte Samenkörner frei und fallen dann zu Boden.

## Standort

Die Fichte wächst in kalten und feuchten Regionen, und dort hauptsächlich in den Bergen.

## Wissenswertes

Eichhörnchen mögen die Zapfen besonders gern. Sie zupfen die Schuppen ab und fressen die darunterliegenden Samen. Weil Fichten schnell und gerade wachsen, werden sie in ebenen Regionen in Monokulturen angebaut. Sie brauchen allerdings viel Wasser, und ihre Nadeln können zur Über-säuerung des Bodens führen.

Blütezeit

J F M A M J J A S O N D

Fruchtbildung

J F M A M J J A S O N D

# Fichte
## (Rotfichte, Rottanne)

*Picea abies* oder *Picea excelsa*

spitze Nadeln

Bäume

50 m

## Erscheinungsbild

Die Weißtanne ist ein großer, aufrecht wachsender Baum mit gleichmäßiger, kegelförmiger Krone. Sie wird bis zu 50 Meter hoch. Alte Exemplare wachsen nicht mehr in die Höhe, ihre obersten Äste jedoch oft noch zur Seite. Die Rinde ist anfangs grau und glatt, bildet mit der Zeit jedoch Schuppen und wird rissig. Die Nadeln sind anfangs hellgrün, werden jedoch sehr bald dunkelgrün. Sie sind 2 bis 3 cm lang, wachsen seitlich an den Zweigen (manchmal auch auf der Unterseite), sind stumpf und tragen auf der Unterseite zwei silbrig-weiße Streifen. Die Zapfen sind rotbraun, ca. 4 x 15 cm groß, wachsen oben in der Krone und stehen aufrecht. Nach der Reife geben sie, während sie noch am Baum stehen, kleine, geflügelte Samen frei, die dann vom Wind verstreut werden.

## Standort

Die Weißtanne wächst sehr häufig in Bergregionen, man findet sie jedoch auch in Parks und Gärten.

## Wissenswertes

Vor 10 000 Jahren wuchs die Weißtanne nur in wenigen Regionen Südeuropas, heute ist sie auch in Mittel- und Osteuropa zu finden.

Blütezeit                              Fruchtbildung

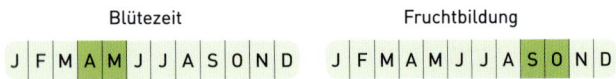

# Weißtanne
## (Edeltanne, Silbertanne)

*Abies alba*

Unterseite des
Zweiges

Oberseite des
Zweiges

Bäume

35 m

## Erscheinungsbild

Im Verbund mit anderen Bäumen bildet die Waldkiefer eine hoch aufragende, kegelförmige Krone, freistehende Exemplare sind dagegen eher rundlich. Sie wird bis zu 35 Meter hoch. Die Rinde ist anfangs rötlich-grau, wird dann jedoch grau und bildet braune bzw. rötliche Risse. Die Nadeln sind mittelgroß (5 bis 7 cm), füllig, manchmal gebogen und wachsen paarig auf allen Seiten der Zweige. Die Zapfen sind ziemlich klein (5 bis 8 cm) und fallen nach zwei Jahren Reifezeit vom Baum. Anfangs sind sie grün und schmal, werden dann graubraun, öffnen sich und setzen geflügelte Samen frei, die vom Wind verstreut werden.

## Standort

In der Natur findet man die Waldkiefer für gewöhnlich in Bergregionen, sie wird jedoch auch als Zierbaum verwendet.

## Wissenswertes

Weil die Waldkiefer sich leicht an die unterschiedlichsten Umgebungen anpasst, wird sie häufig bei Aufforstungen verwendet.

Blütezeit                    Fruchtbildung

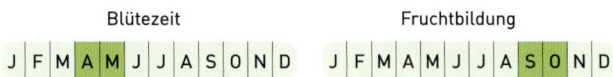

# Waldkiefer
## (Waldföhre)

*Pinus sylvestris*

Bäume

30 m

## Erscheinungsbild

Manchmal wächst die Strandkiefer schräg und, besonders im hohen Alter, unregelmäßig. Sie wird bis zu 30 Meter hoch. Die Rinde ist von dunklem Graubraun. Im Lauf der Jahre bildet sie Risse und große Schuppen. Die Nadeln wachsen paarig. Sie sind steif, sehr lang (10 bis 25 cm) und von grüner bzw. graugrüner Farbe. Die gelb-orangefarbenen Blüten öffnen sich im Frühjahr. Die Zapfen sind 10 bis 20 cm lang, schmal, von rotbrauner Farbe und bleiben 2 Jahre am Baum.

## Standort

Natürliche Vorkommen von Strandkiefern finden sich im westlichen Mittelmeerraum. Die Strandkiefer wird auch angepflanzt, verträgt jedoch keine niedrigen Temperaturen.

## Wissenswertes

Strandkiefern eignen sich auch zur Befestigung von sumpfigem Hinterland an der Küste, in Frankreichs Südwesten werden sie etwa seit dem 19. Jahrhundert zu diesem Zweck gepflanzt.

Blütezeit                          Fruchtbildung

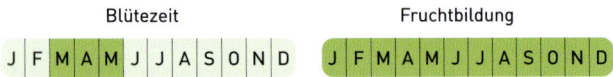

# Strandkiefer
## (Waldföhre, Seekiefer)

*(Pinus pinaster)*

Bäume

## Erscheinungsbild

Die Hasel bildet Büsche oder kleine Bäume mit bis zu 15 Metern Höhe. Sie hat für gewöhnlich mehrere Stämme, die einer gemeinsamen Basis entspringen und aufrecht wachsen. Die Rinde ist glatt, von bräunlicher Farbe und bildet im Lauf der Zeit Risse. Die Blätter sind rund, weich und stark gezackt. Das obere Ende läuft spitz zu. Die gelblichen, nach unten hängenden Blüten öffnen sich am Ende des Winters, lange bevor die Blätter sprießen. Die Haselnüsse werden von einer fleischigen Hülle geschützt. Für Nagetiere und Vögel sind sie ein Leckerbissen.

## Standort

Der Haselnussbaum ist weit verbreitet. Man findet ihn in Wäldern, in Hecken und manchmal auch im Niederwald. Zum Gedeihen braucht er nährstoffreiche Böden.

## Wissenswertes

Der Haselnussbaum ist eine »magische« Pflanze und spielt in zahlreichen Mythen eine Rolle. Druiden und Zauberer verwendeten seine Zweige, und manchen Sagen zufolge machten Hexen daraus ihre Besen.

Blütezeit                Fruchtbildung

# Haselnussbaum

*Corylus avellana*

30 m

## Erscheinungsbild

Die Espe ist langgestreckt und wächst aufrecht. Sie wird bis zu 30 Meter hoch, erreicht jedoch kein hohes Lebensalter. Sie bildet zahlreiche Jungtriebe. Bei jungen Bäumen ist die Rinde glatt und von gedecktem Weiß. Im Lauf der Jahre wird sie grau und unregelmäßig und bildet rautenförmige Aufsprünge. Die Blätter sind klein (4 bis 8 cm), im Frühjahr kupferfarben, im Sommer dunkelgrün und im Herbst gelb. Am Rand tragen sie unregelmäßige, große, abgerundete Zacken. Die Knospen sind lang und spitz und wachsen abwechselnd auf beiden Seiten der Zweige. Die Blüten erinnern an Kornähren. Die männlichen sind rötlich und die weiblichen grauweiß. Die Früchte sind weiß und behaart und werden vom Wind verstreut.

## Standort

Die Espe ist in ganz Deutschland verbreitet. Sie ist vor allem in Jungwäldern und an Waldrändern anzutreffen. In Bergregionen dringt sie bis auf 2000 Meter Höhe vor.

## Wissenswertes

Die Espe heißt auch Zitterpappel, weil sich ihre Blätter schon beim geringsten Windhauch bewegen.

Blütezeit

Fruchtbildung

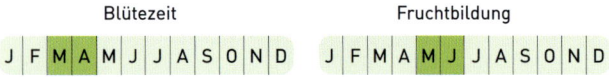
J F M A M J J A S O N D     J F M A M J J A S O N D

# Espe
## (Zitterpappel)

*Populus tremula*

Rinde

Bäume

## Erscheinungsbild

Die Hängebirke hat einen schmalen Stamm, wächst aufrecht und wird bis zu 30 Meter hoch. An den Ästen ist die Rinde anfangs glatt und braun und wird mit der Zeit weiß. Am Stamm bildet sie im Lauf der Jahre Furchen und Risse sowie rautenförmige Ausstülpungen und nimmt dabei eine braun-schwarze Farbe an. Die Blätter sind klein, dreieckig oder rautenförmig, stark gezackt und nicht behaart. Im Herbst werden sie goldgelb. Die Hängebirke bildet männliche Kätzchen und weibliche Blüten, deren winzige Samen vom Wind verstreut werden.

## Standort

Die Hängebirke ist in ganz Deutschland und Mitteleuropa verbreitet. Sie ist robust und passt sich den unterschiedlichsten Bedingungen an, braucht jedoch viel Licht. Häufig ist sie in Parks und Gärten zu finden.

## Wissenswertes

Im Frühjahr lässt sich Saft aus der Hängebirke gewinnen. Man kann ihn trinken oder gären lassen, sodass er zu Birkenwein wird.

Blütezeit

J F M A M J J A S O N D

Fruchtbildung

J F M A M J J A S O N D

# Hängebirke

*Betula pendula*

35 m

## Erscheinungsbild

Die Edelkastanie ist ein großer, ausladender Baum, der bis zu 35 Meter hoch wird. Manche Exemplare werden mehrere Tausend Jahre alt. Bei jungen Pflanzen ist die Rinde glatt und braun-grün. Mit der Zeit wird sie dunkelbraun und bildet vertikale Risse. Bei älteren Pflanzen verdrehen sich bisweilen die Äste und der Stamm. Die Blätter sind länglich, vergleichsweise schmal und am ganzen Rand spitz gezackt. Die Früchte werden von einer stacheligen hellgrünen Schale geschützt, die sich mit der Zeit braun färbt. Besonders Wildschweine fressen Kastanien sehr gern.

## Standort

Das natürliche Verbreitungsgebiet der Edelkastanie ist der Mittelmeerraum. Obwohl sie wärmeliebend ist, gibt es auch in Deutschland einige regionale Bestände.

## Wissenswertes

Die Edelkastanie wird seit der Antike auch angepflanzt. In manchen Regionen hat sie Getreide als Grundnahrungsmittel ersetzt.

Blütezeit

J F M A M **J J A** S O N D

Fruchtbildung

J F M A M J J **A S O** N D

# Edelkastanie

*Castanea sativa*

Bäume

## Erscheinungsbild

Die Hainbuche ist ein typischer Waldbaum. Sie wird bis zu 30 Meter hoch, hat dünne Äste und ragt meist hoch auf. Die Rinde ist glatt, grau-braun und horizontal gemasert, bildet mit der Zeit aber auch vertikale Furchen. Die Blätter sind an die 10 cm lang, stark gezackt und laufen oben spitz zu. Die Blattadern sind stark ausgeprägt. Die Blüten sind im Frühjahr gelb und hängen nach unten. Die Samenkörner sind grün und oval und sitzen in kleinen Deckblättern, die dreilappig und ca. 3 cm lang sind.

## Standort

Die Hainbuche ist in ganz Deutschland, Europa und Westasien zu finden. Sie verträgt warme Sommer, aber auch ungewöhnlich niedrige Temperaturen.

## Wissenswertes

Das harte Holz der Hainbuche wird gerne zur Herstellung von Gebrauchsgegenständen verwendet, eignet sich aber auch hervorragend als Brennholz.

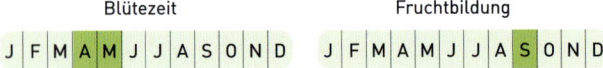

Blütezeit

J F M A M J J A S O N D

Fruchtbildung

J F M A M J J A S O N D

# Hainbuche

*Carpinus betulus*

Samenkorn

Deckblatt

Bäume

25 m

## Erscheinungsbild

Die Steineiche ist von mittlerer Größe und wird bis zu 25 Meter hoch. Manche Exemplare werden über tausend Jahre alt. Die Rinde ist grau-schwarz und bildet im Lauf der Jahre Risse. Die Blätter sind dunkelgrün und oval und können unterschiedlich groß sein. Junge Blätter haben spitze Zacken. Die Unterseite ist behaart und pastellgrün. Die Früchte der Steineiche sind 1,5 bis 3 cm lang und werden von einem glatten Fruchtbecher geschützt. Sie wachsen jeweils paarweise an einem kurzen Stiel.

## Standort

Die Steineiche ist hauptsächlich im Mittelmeerraum zu finden, aber etwa auch an der französischen Atlantikküste. In Deutschland gedeiht sie dagegen nur in sehr milden Regionen. Weil sie nicht leicht in Brand gerät, wird sie oft zur Aufforstung verwendet.

## Wissenswertes

Mit der Steineiche verwandt ist die Korkeiche, deren Rinde vor allem für die Herstellung von Flaschenkorken verwendet wird.

Blütezeit

J F M A M J J A S O N D

Fruchtbildung

J F M A M J J A S O N D

# Steineiche

*Quercus ilex*

Oberseite

Unterseite

Bäume

## Erscheinungsbild

Die Rotbuche ist ein großer Baum mit dichtem Laubwerk, der bis zu 40 Meter hoch wird. Sie bildet oft Buchenwälder, in denen im Herbst der Boden mit kupferfarbenen Blättern bedeckt ist. Die Rinde ist silbrig grau, mit flachen horizontalen Furchen. Die Blätter sind manchmal leicht gezackt, ansonsten jedoch glatt. Sie sind oval, von glänzendem Grün und etwas fester. Im Herbst färben sie sich kupferfarben, bleiben dann den Winter über am Baum und fallen im Frühjahr. Die Früchte (Bucheckern) bestehen aus einer Schutzhülle (Fruchtbecher) mit harten Härchen, die sich im Herbst öffnet und ihre braunen, dreieckigen Samenkörner freisetzt.

## Standort

Die Rotbuche ist in ganz Deutschland und weiten Teilen Europas verbreitet und die häufigste Laubbaumart in deutschen Wäldern. Sie wächst vor allem in feucht-gemäßigtem Klima.

## Wissenswertes

Bucheckern kann man, so wie Kastanien, gegrillt essen, aber auch anderweitig in der Küche einsetzen.

Blütezeit                    Fruchtbildung

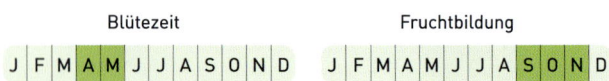

# Rotbuche

*Fagus sylvatica*

Bäume

## Erscheinungsbild

Die Robinie ist ein dorniger Baum, der bis zu 25 Meter hoch wird. Sie hat eine lichte Krone und ist von schmaler, hoch aufragender Form. Die Rinde ist graubraun, mit tiefen, sich kreuzenden Rissen. Die zusammengesetzten Blätter bestehen aus 9 bis 21 glatten Blättchen, die nicht gezackt und an der Spitze abgerundet sind. Die weißen Blüten wachsen in Trauben und verströmen einen starken Duft. Die Früchte sind dunkelbraune, etwa 10 cm lange Schoten, die den ganzen Winter über am Baum verbleiben.

## Standort

Die Robinie stammt aus dem Osten der USA und wurde im 17. Jahrhundert nach Europa eingeführt. Sie ist heute in ganz Deutschland zu finden, wird in Wäldern und Parks angepflanzt und gilt in manchen Regionen als invasive Art.

## Wissenswertes

Das Holz der Robinie ist unverrottbar und eignet sich daher sehr gut als Nutzholz. In Frankreich bereitet man aus den Blüten ein leckeres Fettgebäck zu, alle anderen Teile des Baumes sind jedoch giftig.

Blütezeit                     Fruchtbildung

# Robinie
## (Scheinakazie, Silberregen)

*Pobinia pseudoacacia*

Bäume

40 m

## Erscheinungsbild

Die Esche ist ein großer, eindrucksvoller Baum mit lichtem Laubwerk. Sie wird bis zu 40 Meter hoch. Die Rinde ist hellgrau und rau, mit feinen, sich kreuzenden Rissen. Die zusammengesetzten Blätter sind groß und bestehen aus etwa einem Dutzend Blättchen. Diese sind dunkelgrün und gezackt, auf der zentralen Blattader behaart und laufen oben spitz zu. Die Knospen sind schwarz und fast das ganze Jahr über zu sehen. Die Blüten sind purpurrot und wachsen jeweils an der Spitze des Zweiges. Die Früchte sind kleine, grünbraune, flache Körner, die von einem 3 bis 4 cm langen Flügel umschlossen sind, der der Verteilung der Frucht durch den Wind dient.

## Standort

Die Esche ist in Deutschland sowie ganz Mitteleuropa verbreitet.

## Wissenswertes

Das harte Holz der Esche wird im Kunsthandwerk sowie zur Herstellung von Werkzeuggriffen verwendet. Aus den Blättern kann ein Tee zubereitet werden, der bei Harnwegsbeschwerden sowie Gelenkschmerzen verwendet werden kann.

Blütezeit

Fruchtbildung

# Esche

*Fraxinus excelsior*

Bäume

35 m

## Erscheinungsbild

Die Stieleiche ist von stattlichem Wuchs, wird bis zu 35 Meter hoch und kann mehrere Tausend Jahre alt werden. Ihre Äste sind krumm und unregelmäßig, und das Laub wächst in Büscheln. Die Rinde ist anfangs grau und glatt. Mit den Jahren bildet sie stark ausgeprägte rötliche Risse. Die Blätter sind dunkelgrün und weisen am Rand tiefe Einbuchtungen auf. Diese sind rundlich, unregelmäßig und sehr charakteristisch. Die Blätter haben keinen oder nur einen sehr kurzen Stiel. Eine Stieleiche bildet erst nach etwa sechzig Lebensjahren Früchte. Diese sind 1,5 bis 3 cm groß und hängen an einem langen Stiel (daher auch der Name des Baumes).

## Standort

Die Stieleiche ist in ganz Europa weit verbreitet und fehlt nur in manchen südlichen Regionen. Sie wächst bis zu einer Höhe von 1000 Metern.

## Wissenswertes

Weil das Holz der Stieleiche reich an Tanninen ist, wird es zur Herstellung von Weinfässern verwendet.

Blütezeit                          Fruchtbildung

J F M **A M** J J A S O N D          J F M A M J J **A S O** N D

# Stieleiche
# (Sommereiche)

*Quercus robur*

langer
Fruchtstiel

kurzer Blatt-
stiel

Bäume

15 m

## Erscheinungsbild

Der Feldahorn ist ein Baum von mittlerer Größe mit sehr vielen Zweigen und wird bis zu 15 Meter hoch. Die Rinde ist von hellem Graubraun und bildet kleine, rechteckige Schuppen. Die Blätter sind dunkelgrün, relativ klein (8 x 10 cm) und haben drei bis fünf Lappen, deren Enden stumpf sind. Die Blattunterseite ist hell und entlang der Adern leicht behaart. Die Blüten sind gelblich grün und öffnen sich im Frühjahr, wenn auch die Blätter sprießen. Die Früchte bestehen aus kleinen Samenkörnern, die paarweise wachsen und jeweils in einen rot-grünen Flügel gehüllt sind. Wenn sie vom Baum fallen, drehen sie sich. Dadurch fallen sie langsamer und der Wind kann sie über weitere Entfernungen tragen.

## Standort

Der Feldahorn ist in Deutschland weit verbreitet und vor allem in der Ebene und im Hügelland zu finden.

## Wissenswertes

Der volkstümliche Name »Maßholder« verweist auf den holunderartigen Wuchs des Feldahorns.

Blütezeit                    Fruchtbildung

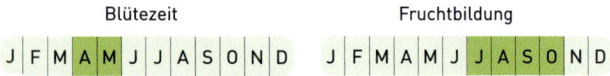

# Feldahorn
## (Maßholder)

*Acer campestre*

# Register

Penguin Random House Verlagsgruppe FSC® N001967

2. Auflage
© dieser Ausgabe 2023 by Anaconda Verlag, einem Unternehmen
der Penguin Random House Verlagsgruppe GmbH,
Neumarkter Straße 28, 81673 München
produktsicherheit@penguinrandomhouse.de
(Vorstehende Angaben sind zugleich
Pflichtinformationen nach GPSR.)

Umschlaggestaltung: dyadesign, Düsseldorf, www.dya.de
unter Verwendung von Motiven aus dem Innenteil
Satz und Layout: InterMedia – Lemke e. K., Heiligenhaus
Texte: S. 18–51: Charles Zettel; S. 52–77: Morgane Peyrot;
S. 78–107: Sophie Padié; S. 108–127: Thomas Launois;
S. 128–157: Xavier Nitsch
Illustrationen: © Lise Herzog, mit Ausnahme der
Seiten 19–51: © Theodor Svarc
Druck und Bindung: PBtisk, a.s., Příbram
Printed in Czech Republic
ISBN 978-3-7306-1176-0
www.anacondaverlag.de